Das große Janosch-Buch

Reite, Jockel, reite

Reite, Jockel, reite,
reite in den Wald!
Fall mir nicht vom Pferde,
wenn der Jäger knallt.
Fang dir einen Bären,
fang dir eine Maus.
Kannst du mich noch hören?
Komm zurück nach Haus.

Das große Janosch Buch

Geschichten und Bilder

BELTZ
& Gelberg

17. Auflage, 1994

Programm Beltz & Gelberg, Weinheim

Einband und Schutzumschlag von Janosch
Typographische Gestaltung von Hans-Peter Hühner
Gesamtherstellung
Druckhaus Beltz, 69494 Hemsbach
Printed in Germany
ISBN 3 407 80514 4

Wie ich, der Prinz Pfefferle, den Löwen Wasdennwas besiegte und die Prinzessin Heidelind befreite

Ich, Hansel Pfefferle, erlebe immer sehr schöne Geschichten selber.
Einmal, ungefähr genau im letzten oder vorletzten Winter, kam in unser Dorf ein Puppenspieler. Ein Puppenspieler ist ein Mann, der einen Kasten hat. In dem Kasten sind verschiedene Figuren, also ein Drache, ein Räuber und eine Räubersbraut, ein König, eine Prinzessin, ein Polizeihauptmann, der Kasper und seine Schwester, die Grete. Dann der Teufel und noch ein freundlicher Drache, der Wasi heißt und den Teufel gern frißt, und manchmal noch das Wildschwein Soso. Wenn der Puppenspieler anfängt, werden die Puppen lebendig. Vorne auf dem Plakat stand, wie das Stück heißt:

Der wilde Löwe Wasdennwas
und die schöne Prinzessin aus dem Karnickelwald.
Anfang 3 Uhr

Da wußte ich schon gleich, daß der Puppenspieler also heimlich auch einen Löwen in der Kiste hatte. Ich war lieber schon um zwei Uhr da, denn es hätte ja eher anfangen können, zufällig. Es fing aber erst um vier an, und ich saß in der letzten Reihe. Vorn auf der Bühne war der Karnickelwald. Darin ging die Prinzessin Heidelind herum und sang:

»O weh, o weh, was mach ich bloß,
so weit ist unser Königsschloß.
Ich hab im Walde mich verirrt.
Wenn das mein Vater hören wird,
muß er ganz furchtbar weinen.
Hululuhhhu…«

Da kam hinter dem Baum der Löwe Wasdennwas hervor:

»Was denn was, du liebes Kind,
schau her, ich bin dir wohlgesinnt.
Komm mit zu den Zypressen,
dort werde ich dich fressen.
Krrrrrrchkrchch...«

Da mußte ich, der Hansel Pfefferle, sehr weinen und konnte mit den Augen nichts mehr sehen; denn ich war doch in die Prinzessin sehr verliebt. Sie war so sauber und neu gekauft. Ich schlich mich von hinten heran, hatte mich als Prinz verkleidet und mir einen Federhut aufgesetzt, damit der Löwe mich nicht erkannte, und stand mit einem Mal im Karnickelwald.
Genau zur rechten Zeit; denn im Schloß jammerte schon der alte König:

»O je, Prinzessin Heidelind,
mein allerliebstes Königskind
muß morgen abend sterben.
Ihr Helden in dem ganzen Land,
mein Wort geb ich zum Unterpfand,
ihr sollt auch alles erben.
Nur rettet mir mein liebstes Kind,
befreit Prinzessin Heidelind,
ich müßte sonst verderben.
Huhuhuhuhuhhh.«

Da kam ich, Hansel Pfefferle, mit meinem Schwerte und ging geradeaus auf den Löwen Wasdennwas zu.
Er brüllte mich an:

»Was denn was, der kleine Wicht
mit seinem Schwert besiegt mich nicht.
Rrrrrrhh…!«

Hinten weinte die liebe Prinzessin. Sie war so schön. Ich aber fürchtete mich nicht. Ich schlug dem Löwen das Haupt ab. Die Prinzessin küßte mich, das war so schön. Dann brachte ich sie ins Königsschloß und dort war ein Jubel und Heiterkeit. Aber ich machte mich unsichtbar, ich konnte das Schloß nicht erben, denn ich mußte ja wieder nach Hause. Holz holen, heute abend. Ich saß dann wieder auf meinem Platz in der letzten Reihe, und keiner hatte mich erkannt. Aber *ich* weiß es, daß ich, der Hansel Pfefferle, den wilden Löwen besiegte.

Das Auto hier heißt Ferdinand

Das Auto hier heißt Ferdinand
und steht an einem Bergesrand.
Es will den Berg besteigen
und sich den Leuten zeigen.

Da kommt das Taxi sieben,
den Ferdinand zu schieben.

Das Auto von der Post sagt: »Ach,
die beiden sind ja viel zu schwach.
Ich will das Taxi sieben
und auch den andren schieben«.

Das Auto von der Feuerwehr
kommt mit sieben Mann daher
und hätte fast bis oben
die andren drei geschoben.

Der Traktor von dem Bauern Nolte
steht hier, weil er auch schieben wollte.
Und hat mit seiner Riesenkraft
sie alle auf den Berg geschafft.

Doch oben fällt der Ferdinand
hinunter übern Bergesrand.
Und von der steilen Höh
in einen tiefen See.

Da stand ein Pferd am Wegesrand
und rettete den Ferdinand.

Die Bienenkönigin

Ein Mann hatte drei Söhne. Zwei davon waren so schlau wie jeder andere, also nicht zu viel und nicht zu wenig. Den dritten aber hauten die beiden anderen immer zum Spaß ein bißchen von hinten an den Kopf und nannten ihn »Dummkopf«. Dann lachte er darüber, und sie hauten ihm noch eins nach.

In der Schule hatte er mehr schlechte als gute Zensuren, seine Brüder aber immer mittelmäßige. Er hielt keine großen Reden, stand meist beim Zaun und guckte über die Felder oder pfiff mit den Vögeln. Er kannte sich mit Katzen und Hunden aus, verfütterte sein halbes Frühstücksbrot an Tiere, und wenn seinem Vater eine Biene ins Bier fiel, fischte er sie mit einem Grashalm heraus, hauchte sie an und rettete ihr das Leben. »Der ist so dumm«, sagten die Brüder, »er rettet sogar Stechbienen. Sie müßten ihn mal richtig stechen, dann wird's ihm vergehen.«

Und zack! hauten sie ihm wieder eins an den Hinterkopf. Mit der Hand. Als die drei in das Alter kamen, wo man schon heiraten kann, gingen die zwei Brüder auf jedes Tanzvergnügen, saßen in den Kneipen herum und pfiffen den Mädchen auf der Straße nach.

Sie verrichteten schlecht und recht ihre Arbeit. Der eine war bei der Krankenkasse angestellt, und der andere verkaufte gebrauchte Autos.

Der Dummkopf aber ging im Wald und auf den Wiesen herum, belauschte die Rohrdommeln, zählte die Ameisen, setzte sich an den Waldrand und wollte ein Vogel sein. Und er kniff die Augen etwas zusammen, fühlte den Wind unter den Flügeln und segelte halb im Traum durch die Luft. Damit konnte er einen ganzen Tag zubringen. Oder er

suchte Eidechsenspuren im Sand, wenn er nicht gerade Blaubeeren pflückte. »Er ist ja so dumm«, sagten die Brüder und hauten ihm wieder leicht eine an den Hinterkopf. »Der ist bestimmt auch zu dumm zum Heiraten.«

Sie waren alle drei so alt, daß sie heiraten wollten. Der eine Bruder heiratete die Tochter eines Leberwurstfabrikbesitzers, denn dann brauchte er nur noch zwei Jahre bei der Krankenkasse bleiben, um die Buchführung etwas zu lernen.

Aber schon nach einem Jahr zeigte es sich, daß seine Frau eine Streithenne war und daß nicht einmal der Teufel sie hätte ertragen können. Auch wurde sie immer magerer und vor lauter Streitsucht gelb wie eine vertrocknete Zitrone. Aber wenn er die Leberwurstfabrik erben wollte, mußte er sie behalten.

Der zweite Sohn lernte auf einem Tanzvergnügen die Tochter des Autohändlers »Wretwa-Autos, gebraucht und neu-GmbH« kennen und hielt um ihre Hand an. Sie gab sie ihm gleich, und er stieg sofort nach der Hochzeit mit Umsatzbeteiligung ins Geschäft des Schwiegervaters ein. Doch nach zwei Jahren zeigte es sich, daß seine Frau soff wie ein Loch. Und sie log auch. Wollte er aber das Geschäft des Schwiegervaters erben, dann mußte er auch die Frau behalten.

»Unser Dummkopf wird wohl Junggeselle bleiben sein Leben lang«, sagten die Brüder. »Kein Wunder, so dumm wie der ist!«

Aber da heiratete der Dummkopf eines Tages ein so schönes Mädchen! So schön konnte ein Mensch wohl gar nicht sein. Sie stritten sich niemals. Sie lebten immer wie im Paradies. Wie konnte es nur so etwas geben? Manchmal sagte sie ihm, daß sie eine Bienenkönigin sei. Und vielleicht war's die Wahrheit.

Hosentaschenabzählreime

Reite Jockel Pinter
Sommer ist kein Winter
Winter ist kein Pustekuchen
Du mußt meine Läuse suchen

Ille pille Nickelbrille
Nickelbein
Und Nickelzahn
Nickelpopo
Nikolaus
Raus

Hexe Fexe
Fünfe, sechse
Drei und vier
Raus mit dir

Klix klex klax
Minimax
Stein und Stock
Minirock
Stock und Stein
Du mußt's sein

Katz und Maus in Gesellschaft

Eine Maus war von einer Katze gefangen worden und sollte gefressen werden. Weil sie aber Angst hatte, daß der Tod sie schmerzen könnte, schrie sie in ihrer Not: »Wenn du mich frißt, hast du doch nicht einmal einen hohlen Zahn voll Fleisch und hast in fünf Minuten schon wieder Hunger. Wenn du mich nicht frißt, würde ich dich auch heiraten, ehrlich. Da hast du mehr davon.«
Die Katze sagte: »Ist in Ordnung. Aber zuerst mußt du mir einen kleinen Topf mit Gänsefett, oben auf dem Regal, aus der Ecke schieben. Es steht ein Gurkenglas davor. Ich komme nicht daran vorbei, bin zu breit. Am besten, du holst dir einen oder zwei Kameraden, die dir helfen, der Topf ist schwer. Das soll schon mal deine Mitgift für unsere Hochzeit sein.«
Die Maus war froh, daß sie nicht sterben mußte und holte sich zum Helfen einen jungen Mauser, der sie heiß verehrte und schon dreimal um ihre Pfote angehalten und der gesagt hatte, er ginge für sie durchs Feuer. Im Notfall. Dann nahm sie noch einen alten, kurzsichtigen Onkel mit, der die Katze nicht sehen konnte, sonst wäre er wohl nicht mitgegangen. Die drei gingen also in die Kammer, stiegen auf das Regal und schoben den kleinen Topf Gänsefett aus der Ecke.
Dann fraß die Katze die beiden Mausekameraden auf. Als sie die Maus schon am Schwanz gepackt hatte und auch fressen wollte, schrie diese, weil sie Angst hatte, daß der Tod sie schmerzen könnte: »Wir wollten doch heiraten, ich bin's doch, deine Frau.«
»Pardon«, sagte die Katze, »habe dich nicht erkannt. Die Mäuse sehen alle egal aus.«
Sie hielt sie aber noch fest.

en
gänsef

»Aber nur mit einer ordentlichen Trauung«, sagte die Katze. »Du mußt zum Dompfaff gehen und die Hochzeit anmelden, sonst mache ich nicht mit. Inzwischen trage ich den kleinen Topf Gänsefett hinter das Sofa. Wir werden damit ein ganz großes Hochzeitsfest feiern.«
Weil die Maus Angst hatte, daß der Tod sie schmerzen könnte, ging sie also zum Dompfaff, die Hochzeit anzumelden.
Der Dompfaff dachte, die Maus würde einen jungen Mauser heiraten, sonst hätte er wohl nicht zugesagt, und legte die Trauung auf morgen, Dienstag, acht Uhr, am Waldrand fest.
Als die Maus zurück zur Katze kam, sagte die Katze: »Keine Trauung ohne Trauzeugen! Das ist Tradition, und so will ich das haben. Am besten, du gehst sofort zum Rotkehlchen und bringst es her, damit wir alles einstudieren können. Das Rotkehlchen hat einen guten Ruf und ist als ehrlich bekannt.«
Die Maus ging zum Rotkehlchen, und weil dieses dachte, die Maus würde einen jungen Mauser heiraten, ging sie mit, sonst wäre sie wohl nicht gekommen.
Da fraß die Katze das Rotkehlchen.
Die Maus sagte nichts, denn sie hatte Angst, die Katze könnte sie fressen und der Tod würde sie vielleicht schmerzen.
»Und jetzt lade hundert Gäste ein«, sagte die Katze. »Wir machen ein ganz großes Fest.«
Die Maus ging also los, lud die Maulwürfe ein, weil sie blind sind und die Katze nicht sehen können, sonst würden sie wohl nicht kommen.
Als am nächsten Tag um acht der Dompfaff zum Waldrand kam, war die Maus mit der Katze schon da. Die Maus hatte sich schön geschmückt, trug einen Schleier aus Spinnweben

und hatte die Katze untergehakt. Das heißt, die Katze trug sie auf der Pfote, und die Maus hatte sie dort untergehakt.
Der Dompfaff hatte zwei Ministrantenvögel mitgebracht, und noch ehe die Trauung anfing, fraß die Katze den Dompfaff mitsamt den Ministranten.
Die Maus fing an zu zittern. Sie war sich auf einmal nicht mehr ganz sicher, ob auch alles in Ordnung sei. »Aber *wir* sind doch verheiratet, nicht? Ich bin doch deine Frau?« sagte sie.
»So!« grinste die Katze, »dann zeig mir doch mal unseren Trauschein!« – und fraß die Maus auf.
»Nie nie nie nie wieder laß ich mich von jemandem zum Heiraten überreden«, rief die Maus noch aus der Katze heraus, »aber ehrlich nicht.«
Von den Maulwürfen, die zur Hochzeit kamen, erwischte die Katze noch sieben, die anderen konnten fliehen.

Hosentaschenabzählreime

Backenzahn und grüner Kater
Katzenschwanz und Eulenvater
Bimmelbahn und Negerkuß
Du bist der, der suchen muß

Bim bam bum
Du bist dumm
Bim bum bam
Du bist dran

Alte Jacke
Fliegenkacke
Schit am Bein
Du mußt's sein

Auf einem alten Klimperkasten
Wollten sieben Flöhe rasten
Macht es kleck
Warn se weg

Himmel Hölle
Wurst mit Pelle
Mausekuchen
Du mußt suchen

Trick: wenn der Abzähler nicht so ausgeht, wie du das möchtest, kannst du noch einen Vers unten anhängen. Also:

Himmel Hölle
Wurst mit Pelle
Mausekuchen
Du mußt suchen
Mantelkragen
Du mußt jagen
Und wenn es dann immer noch
nicht richtig ist, noch
einen Vers:
Hampelmann
Du bist dran

Zippe Zapp
Knopp ist ab
So ein Dreck
Du bist weg

Lari fari Linker
Du da bist ein Stinker
Du da bist ein Luder
Lari fari Bruder
Lari fari lei
Ich bin frei

Nudelsuppe und Salat
Rate, was geschlagen hat
Drei mal dreizehn
Neun mal neun
Wer nicht will
Der muß es sein

Der Quasselkasper

Der Quasselkasper aus Wasserburg ist so ein Pinocchio. Auch einer, der aus seiner kleinen Kiste unter dem Dach hinaus muß in die große Welt. Wo er aufregende Abenteuer, Freundschaft und Feindschaft erlebt. Wo er betrogen wird und in Gefangenschaft gerät und wo ihm schließlich die Freiheit als das größte Glück der Welt erscheint.
Im Zirkus Makaroni findet er den alten Artisten Taff, der sein echter Freund wird. Der schnitzt ihm Siebenmeilenbeine. Jetzt will der Quasselkasper erst recht weg. Aber der alte Taff möchte, daß er bei ihm bleibt, weil er auch einen Freund braucht. Doch dann läßt er ihn gehen, und es beginnt eine aufregende Geschichte.

Was nützt dem Kasper Geld und Gut,
wenn ihm etwas wehe tut. Und Siebenmeilenbeine
sind auch nicht aus Eisen

»Laß mich frei, Vater Taff«, sagte der Quasselkasper. Denn die Freiheit schien ihm das höchste Gut der Welt zu sein. Hundertmal mehr wert als der Ruhm im Zirkus Makaroni.
Als der alte Taff sah, wie unglücklich der Quasselkasper war, erinnerte sich der Mann an seine eigene Jugend und war einverstanden. Er gab dem Quasselkasper zum Abschied noch zwanzig Mark mit. »Laß es dir gut gehen, Junge«, sagte er, »und mach nichts falsch, hörst du. Und adieu!«
»Freiheit und Reichtum, Reichtum und Freiheit! Was kann einer sich mehr wünschen«, dachte der Quasselkasper, und

war so fröhlich wie noch nie, als er durch die menschenleeren Straßen aus der Stadt hinausging.
Aber da fingen die Sorgen mit dem Reichtum schon an – denn wohin mit dem Geld? Ein Kasperhemd hat keine Taschen, und vier schwere Fünfmarkstücke für einen kleinen Quasselkasper, der nicht größer als eine Milchflasche ist, sind ein schweres Gewicht.

Der Quasselkasper kam mit seinen Siebenmeilenbeinen gut voran, hätte schnell laufen können, wie ein Wiesel – hätte er das schwere Geld nicht tragen müssen. Einmal trug er es in der einen Hand, und bald wurde sie lahm. Dann wechselte er, trug es in der anderen Hand und bekam dort Muskelkater und Fingerreißen. Zudem mußte er aufpassen, daß es ihm nicht aus den Händen fiel, einen Berg hinabrollte oder in einem Teich versank, daß er es nirgends liegenließ und vergaß, wenn er sich mal zur Rast hinsetzte.

Und dann schmerzten ihn auch obendrein noch die Beine, er konnte kaum noch laufen. »Was nützen einem Geld und Gut, wenn ihm etwas wehe tut?« Altes Wasserburger Sprichwort für Quasselkasper. Kurzum, der Reichtum war ihm eine Last.
Nach einer Weile kam er aus der Stadt hinaus und kam an eine Wegkreuzung. Vier Wege gingen in vier Richtungen, Osten, Süden, Westen und Norden.
»Wie schön die Freiheit ist«, freute sich der Kasper, »denn ich kann gehen, wohin ich will. Wohin ich will, und das tu ich.«
Er überlegte nicht lange und ging nach Norden. Unterwegs dachte er: »Oder nein. Weil, wenn ich hingehen kann, wohin ich will, dann kann ich genausogut entgegengesetzt gehen. Und das tu ich auch.«
Ging wieder zurück bis zur Kreuzung und ging jetzt nach Süden. War lustig, hatte für eine Weile die schwere Last des Reichtums vergessen, pfiff ein Lied, aber bald wurde es ihm heiß. Weil die Sonne immer höher stieg und es schon elf Uhr war. Er schwitzte, die Füße wollten nicht mehr richtig laufen, denn auch Siebenmeilenfüße sind nicht aus Eisen. Und das Geld zog an seinen Armen.
»Nach Süden«, dachte er, »wenn ich nach Süden gehe, dann komme ich nach Afrika. Äquator, Sonnenhitze, Wüste, was will ich in der Wüste? Wie gut, daß ich machen kann, was ich will. Die Freiheit ist das höchste Gut, weil sie mir viel nützen tut.« Eigene Dichtung.
Der Kasper drehte sich also wieder um und ging den langen Weg zurück bis zur Kreuzung. Dann ging er nach Osten. Als er nicht mehr laufen konnte, setzte er sich unter einen Baum, und weil er so Zeit hatte zum Denken, dachte er, daß dieser Weg vielleicht falsch sein könnte: »Erstens kann er so lang sein, daß er um die ganze Welt geht. Die Welt ist

aber rund, also kommt er dann am Ende wieder dort an, wo er wegging. Zweitens könnte dieser Weg in einem Morast enden. Der Morast hängt sich an meine Siebenmeilenfüße und zieht mich und das Geld hinunter, und ich bin verloren. Ja, ja, wahrscheinlich ist dieser Weg falsch. Ich muß den anderen nehmen.«

Stand auf und ging zurück bis zur Kreuzung. Nahm den letzten Weg. Nach einer Weile dachte er: »Der erste Weg hat mir doch am besten gefallen. Er war so glatt und so angenehm, ich nehme lieber wieder den ersten.«

Ging zurück bis zur Kreuzung und nahm wieder den ersten Weg. So hätte es weitergehen können, bis ans Ende der Welt. Da traf er einen Fuchs und eine Katze. Der Fuchs hatte angeblich seinen Schwanz gebrochen und trug ihn in einer Schlinge. Und die Katze hatte angeblich schlechte Augen; sie trug eine Blindenbrille.

Aber sie hatte gar keine schlechten Augen, sie sah nur am

Tag schlecht. Bei Nacht sah sie scharf wie ein Luchs. Wer sich auskennt, weiß, daß alle Katzen bei Tag schlechter sehen, also war das alles ein Schwindel, eine Lumperei. Kurzum, sie waren Halunken. Aber das merkte der Quasselkasper nicht; denn wen eine Last drückt, der spürt nur die Last und sonst nichts.
»Guten Frühling und wo geht ihr denn hin«, grüßte der Quasselkasper die beiden.
»Guten Frühling, Wandersmann«, sagte der Fuchs, »da lang, entgegengesetzt unseren Schwänzen. Aber was tragen Sie denn da so schwer? Ooooh! Geld...! Ja, wie schön für Sie. Reichtum ist schön, nicht wahr?«
»Waaas – Geld?« fragte die Katze, kam mit ihrer Blindenbrille ganz dicht an den Quasselkasper heran, »sehr schön für Sie, nicht wahr? Und wo wollen Sie hin mit all dem Geld?«
»Och«, sagte der Quasselkasper, »mal hier oder mal da hin. Darf ich mich anschließen?«
»Oh, bitte gern, ja selbstverständlich.«
Sie gingen eine Weile nebeneinander her. Dem Quasselkasper tropfte der Schweiß von der Stirn. Von der schönen Landschaft sah er nichts, und was die beiden Halunken miteinander flüsterten, hörte er nicht. Schließlich fragte ihn die Katze: »Haben Sie denn keine Angst vor Dieben, Herr...?«
»Quasselkasper heiß ich, von Wasserburg...«
»Oh, adelig und von Adel! Haben Sie keine Angst, Herr Baron von Wasserburg? Vor Dieben?«
Das schmeichelte dem Quasselkasper, und er widersprach nicht. »Vor Dieben? Vor was für Dieben? Wo denn, wer denn? Doch, ja sowieso das...«
Der Schreck war ihm in die Beine gefahren. An Diebe hatte er noch nicht gedacht.

»Und Räuber und Wegelagerer, die an der Straße lauern, hinter Büschen und Sträuchern. Strauchdiebe und Vagabunden, Herr Baron. Leider müssen wir uns verabschieden, denn unser Weg geht jetzt links ab.«
»O bitte, meiner auch, denn ich kann tun, was ich will, ich wollte sowieso nach links. Darf ich mich anschließen?«
Der Fuchs blinkerte der Katze mit einem Auge zu. Sie hatten einen Plan. Und sie nahmen ihn selbstverständlich mit.
»Was machen Sie denn mit dem vielen Geld, Baronchen?« fragte die Katze. »Werden Sie sich etwas kaufen? Ein Pelzmäntelchen vielleicht oder ein Haus? Ein Auto, eine Hollywoodschaukel, einen Rasenmäher mit Düsenantrieb oder etwas zu essen? Champagner, schönen Räucherlachs oder ein Fahrrad?«
Daran hatte der Quasselkasper noch nicht gedacht. Jetzt grübelte er, dachte nach, dachte sich das eine aus, strich es im Kopf wieder durch und dachte sich etwas anderes aus – es war zum verrückt werden. »Wenn ich mir ein Fahrrad kaufe, kann es mir kaputtgehen, aber ich kann mir dann ein neues kaufen, denn ich bin reich. Dann kaufe ich doch gleich eines mit Anhänger und lege das zweite Fahrrad hinten drauf, dann habe ich es immer dabei, wenn – aber für was brauche ich ein Fahrrad? Ich habe Siebenmeilenbeine. Hier bitte, da! Dann kauf ich mir lieber drei Kartons Negerküsse, das ist meine Leibspeise.«
Jetzt zog das Geld ihm die Muskeln an den Armen herunter, die Angst vor Dieben und Straßenräubern saß ihm im Nacken, und die Sorge, was er sich für das Geld kaufen sollte, drückte ihn wie ein Stein. »Wenn der Tag nur bald vorbei wäre«, dachte er, »und es wäre dunkle Nacht! Dann kann kein Dieb mich sehen.«
Endlich war der Tag vorbei, es wurde dunkel, und der Fuchs

sagte: »Laßt uns ein Lagerfeuer machen und im Gebüsch übernachten. Warte du hier, ich und die Katze, wir gehen noch auf die Jagd, wir brauchen etwas zum Essen.«
Aber sie gingen gar nicht auf die Jagd, sie gingen in den Wald, um sich zu beraten.
Wie man sich denken kann, hatten sie es auf das Geld abgesehen.
In der Nacht schlief der Quasselkasper keine Minute, denn er hielt das Geld fest. Freilich war es gut, daß Diebe ihn nicht sehen konnten. Aber *er* konnte sie schließlich auch nicht sehen, und das war wieder schlecht und verdoppelte seine Angst um das Dreifache.
»Wenn bloß bald wieder Tag wäre«, dachte er die ganze Nacht, »damit ich die Diebe sehen kann, wenn sie sich anschleichen.«
Beim ersten Sonnenstrahl stand er auf und war zerschlagen wie ein Cowboy nach der verlorenen Indianerschlacht am Missouri, konnte kaum noch ein Bein vor das andere setzen.
»Gut geschlafen, Herr von Wasserburg?« fragte die Katze, und das klang höhnisch. »Ja ja, wer reich ist, braucht sich keine Sorgen zu machen. Wie schön für Sie, nicht?« Und nachdem der Fuchs und die Katze sich ein paar Mäuse und eine Amsel zum Frühstück gefangen hatten, zogen sie weiter.

Der Schlüssel ist weg, und ein Baron hat das Nachsehen

Unterwegs zuckte die Katze vor jedem Busch und bei jedem Baum zusammen: »O Gott, hat mich das erschreckt! Ich vermeinte einen Räuber gehört zu haben. Mein Herz bleibt ja noch stehen, finden Sie nicht, Herr Wasserburg,

daß man sich seines Lebens nicht mehr sicher ist mit so viel Geld unterm Arm?«
Das war natürlich eine Finte. Ein Trick, ein Plan, denn bald ging es dem Quasselkasper genauso. Bei jedem Strauch, bei jedem Busch zuckte er zusammen. Er hatte, seitdem er das Geld hatte, nicht mehr gelacht, hatte keine Geschichte von Wasserburg erzählen wollen, was er doch am liebsten tat, und hatte Muskelkater in Händen und Beinen.
»Man sollte«, sagte die Katze, »wenn man Geld hat, es nicht so mit sich herumtragen. Einschließen! Mit einem Sicherheitsschlüssel in eine Sicherheitskassette, klick-klack fest einschließen, findest du nicht auch, Fuchschen?«
»Seit eh und je die beste Art«, sagte der Fuchs.
Dem Quasselkasper ging es gar nicht gut. »Aber wo und wie, meine lieben Freunde, kann man das denn, wenn man keinen Tresor hat?«
»Och«, sagte der Fuchs, »nichts leichter als das. – Ein Schließfach! Auf jedem Bahnhof gibt es einige Schließfächer. Kostet nicht viel und ist absolut total kolossal sicher, nicht wahr Katzemaus?«
Der Quasselkasper humpelte, so schnell er es mit seinen Siebenmeilenbeinen noch konnte, hinter den beiden her in die nächste Stadt. Sie gingen zum Bahnhof, in der Tat gab es dort genügend Schließfächer.
»Fünf Mark mußt du wechseln, denn sie gehen nur auf, wenn du fünfzig Pfennig einwirfst.«
Allein, das Wechselgeld war zusammen mit den restlichen drei Fünfmarkstücken jetzt so schwer, daß der Quasselkasper es kaum noch heben konnte. Ein Stein fiel ihm sozusagen vom Herzen oder eine Last von den Schultern, als er das Geld endlich eingeschlossen hatte. Den Schließfachschlüssel hielt er fest in der Faust; dann machten sich die drei wieder auf den Weg.

Nach einer Weile fing die Katze wieder an: »Wer so einen Schlüssel hat, der in so ein Schließfach paßt, ist gut dran. Er kann sich jederzeit das Hab und Gut dort herausholen. Wie schön für Sie, Herr von Wasserburg, nicht wahr?«
»Ja ja, ist schon wahr.«
Der Quasselkasper hatte jetzt nicht mehr so schwer zu tragen, aber lachen konnte er immer noch nicht, und Faxen machen hatte er ganz vergessen.
»Nur, wenn so ein Schlüssel...«
»Was denn?« fragte der Quasselkasper.
»Och, ich meinte nur, wollte nichts sagen.«
»Was ist, wenn so ein Schlüssel?«
»Ich meine, wenn nun so ein Schlüssel verlorengeht, was dann?«
»Wird nicht verloren, ich halte ihn ja ganz fest.«
»Nun ja, da haben Sie recht.«
Sie gingen eine Weile, der Quasselkasper sah die schöne Landschaft nicht, hörte die Vögel nicht singen, hielt nur mit aller Kraft den Schlüssel fest.
»Oder Räuber!«
»Was für Räuber?«
»Ich meine, Räuber. Räuber können einem genausogut den Schlüssel, wie sie einem das Geld stehlen können.«
»Nein.«
»Ich meine nur: *wenn*!«
Der Quasselkasper fühlte sich so schlecht, wie lange nicht mehr, schlechter und noch schlechter.
»Weil, wer den Schlüssel eines Schließfaches hat, hat auch das, was drin ist, nicht wahr Fuchschen?«
»Und ob«, sagte der Fuchs und blinzelte hinter dem Rücken des Quasselkaspers der Katze zu. So eine hinterhältige Bagage!
Als der Tag zu Ende ging, sagte der Fuchs: »Es wäre besser

für unseren Freund und Baron, wir würden wo einkehren. Im Gasthaus läßt es sich ruhiger schlafen, man kann den Schlüssel unters Kopfkissen legen, nicht wahr, Katzemaus?«
»Und ob das.«

Also kehrten sie in ein Gasthaus ein, und die beiden redeten den Quasselkasper immer sehr laut und auffällig mit »Herr Baron von Wasserburg« oder auch einfach mit »Von-Baron« an. Der Wirt nahm keinen Anstoß an dem seltsamen Aussehen des Quasselkaspers. Früher hätte zwar ein Baron niemals so lächerlich herumlaufen können. Aber heute! Heute haben Reiche und Barone die seltsamsten Marotten.
Die drei aßen ausgiebig zum Abendbrot, oder sagen wir besser: die zwei. Denn der Quasselkasper hatte keinen Appetit. Aber der Fuchs bestellte sich drei Portionen Hasenpfeffer, Peperoni, Nudeln mit Tomatensoße, ein Hacksteak und vier doppelte Hamburger, auch Doppeldecker genannt. Dazu trank er nur Bier. Aber elf Liter!
Die Katze bestellte gefüllte Tauben, Königinpasteten, gegrillte Bananen und trank einen Cocktail nach dem anderen, spielte sich auf wie eine Diva vom Film.
Dem Wirt kam das alles nicht ungewöhnlich vor, denn heutzutage umgeben Barone sich mit den seltsamsten Menschen.
»So ein Schlüssel«, sagte die Katze, »ist ein kostbares Gut, Herr von Waldheim, pardon: Wasserburg. Man sollte ihn bewachen. Und je mehr Wachen ihn bewachen, um so besser, nicht wahr, Fuchschen?«
»Und ob das.«
»Leider sind Sie nur *einer*. Schade für Sie!«
»Aber wir sind doch drei«, sagte der Quasselkasper, »wir können alle drei wachen, oder?«
»Nun ja, wenn Sie so wollen...«
Man kann sich schon denken, wie es weiterging. In der Nacht wachte zuerst der Kasper, weil die Katze gesagt hatte: »Die erste Wache ist immer die wichtigste.« Dann wachte der Fuchs, dann die Katze, vielleicht wachte auch

keiner von beiden; denn als der Quasselkasper aufwachte, waren die beiden weg. Der Schlüssel auch.
Dem Quasselkasper wurde es heiß und kalt. Auch ans Bezahlen hatte keiner gedacht, und als er hinunter in die Wirtsstube kam und jammerte: »Sie haben mich beraubt, sie haben meinen Reichtum mitgenommen, gestohlen, sie waren ganz gewöhnliche Diebe...« haute der Wirt ihn obendrein noch windelweich; denn jetzt hielt er ihn nicht mehr für einen Baron. Warf ihn hinaus vor die Tür und rief ihm hinterher: »Geh doch zur Polizei, wenn das wahr ist!«
Zur Polizei!

Hinter Schloß und Riegel

Zur Polizei! Der Quasselkasper ging geradewegs zur Polizei, um den Diebstahl zu melden, die Diebe hinter Schloß und Riegel bringen zu lassen.
»Sie müssen«, sagte der Polizeiwachtmeister, »draußen warten, bis Sie aufgerufen werden. Wir haben noch einen Verkehrsunfall zu protokollieren. Sie werden aufgerufen.«
Der Quasselkasper wartete im Vorzimmer; die Zeit verging so langsam wie nie. Inzwischen konnten die Diebe längst über alle Berge sein.
Eine Stunde hat er schon gewartet. »Die Diebe, Herr Wachtmeister«, rief er, »könnten noch eingeholt...«
»Diebstähle werden im ersten Stock aufgenommen. Gehen Sie nach oben!«
Die Amtsstube im ersten Stock für Diebstähle war leer, weil der Wachtmeister nicht da war, er war auf dem Klo. Acht Leute hatten sich schon vor der Tür aufgestellt und warteten. Der Quasselkasper war der neunte. Als der Wachtmeister zurückkam, ging es wieder weiter.

»Die Diebe«, rief der Quasselkasper, »könnten noch eingeho...«
»Alle Diebe könnten noch eingeholt werden«, riefen die, die vor ihm standen, »warten Sie, bis Sie dran sind!«
Die Zeit verging nicht, verging nicht, verging nicht.
Und dann kam er an die Reihe.
»Der Fuchs und die Katze, die haben...«
»Erst den Namen!« sagte der Polizist.
»Fuchs und Katze.«
»Sie können doch nicht zwei Namen haben.«
»Wieso ich?«
»Reden Sie nicht so lange. Heißen Sie Fuchs oder Katze?«
»Ich heiße Quasselkasper.«
»Na also. Warum geben Sie erst einen falschen Namen an, Sie? Sie wissen wohl nicht, was das nach § 11 bedeutet, was? Auf jeden Fall schon einmal ›versuchte Täuschung‹.«
Er trug »versuchte Täuschung der Behörden« ein. »Also, Sie heißen Quassel. Vorname Kasper. Beruf?«
»Wasserburger.«
»Geboren wo?«
»Wasserburg.«
»Berufstätig?«
»Zur Zeit nicht.«
»Also, zweites Vergehen nach § 19: Herumstreicherei und wahrscheinlich auch ohne festen Wohnsitz. Wer ohne festen Wohnsitz ist, kann festgenommen werden. Worum handelt es sich?«
»Diebstahl. Und zwar hat der Fuchs und die Katze...«
»Wer ist der Fuchs und wer ist die Katze?«
»Der Fuchs ist der eine Dieb und die Katze ist...«
»Die Feststellung der Diebe ist Sache der Polizei. Dritter Straffall nach § 109 ›Einmischung in Staatsangelegenheiten‹. Weiter.«

»Sie haben mir mein Geld geklaut. Ich meine, den Schlüssel, ich meine, den Schlüssel für das Sicherheitsschließfach, wo das Geld...«
»Also, was jetzt? Entweder das eine oder das andere.«
»Den Schlüssel vom Geld, weil nämlich... Ich komme ja aus Wasserburg, da muß ich die ganze Geschichte von Anfang an erzählen...«
»Wenn Sie Geschichten erzählen wollen, dann gehen Sie ins Kaspertheater. Sie sehen sowieso schon eher aus wie ein Kasper, also beeilen Sie sich.«
»Und zwar hatte ich Geld.«
»Aha! Sie – hatten – Geld? Woher bitte?«
»Von meinem Vater.«
»Name des Vaters, wo geboren, wann? Beruf, genaue Anschrift und mit wem verheiratet.«
»Taff. Zirkus Makaroni, alt.«
»Ist das alles? Mehr wollen Sie angeblich nicht über Ihren eigenen Vater wissen? – Untersuchungshaft, bis die Angaben überprüft sind. Abführen.«
Der Polizeiwachtmeister telefonierte: »Diebstahl, Vergehen gegen § 11, 19 und 109. Untersuchungshaft bis zur Klärung von wahrscheinlich falschen Angaben. – Ja. – Hier Zimmer 12, erster Stock. Für Zelle sieben. Sofort. Ja.«
Der Quasselkasper mußte sich in eine Ecke setzen, so daß der Polizeiwachtmeister ihn mit seiner scharfen Brille nicht aus den Augen verlor. Der nächste Fall wurde aufgeschrieben, aber dann kam einer und holte den Quasselkasper ab. Sperrte ihn in eine Einzelzelle. Und dann begann eine lange, lange Zeit. Die Tage nahmen kein Ende und die Nächte schon gar nicht. Die Einsamkeit war größer als am Nordpol. Keiner hat die Wochen gezählt. Schließlich holte man ihn zur ersten Verhandlung aus der Zelle.
»Sie sind«, sagte der Richter, »sozusagen ein Pflegesohn

eines gewissen Taff aus dem Zirkus Makaroni. Das geht hervor aus einer Aussage des betreffenden Taff. Stimmt das?«

»Jawohl, Euer Gnaden, Majestät...«

»Schon gut. Sie haben vom Herrn Taff Geld erhalten...«

»Aber das sage ich doch schon die ganze Zeit, und zwar...«

»Der Beklagte hat gestanden. Da die Höhe der Summe nicht nachzuweisen ist, werden Sie geschätzt. Und zwar – sagen wir... drei Millionen. Sie haben keine Erbschafts-, Schenkungs-, Vermögensabgabe-, Kapital- und kapitale

Ertragssteuern gezahlt; das macht insgesamt zweiundzwanzig Vergehen gegen die Paragraphen 219 bis 241, das ergibt eine Haftstrafe von etlichen Jahren. Abführen, der nächste Fall...«

Die Freiheit, die Freiheit!! Der Quasselkasper rannte, was seine Beine hergaben, zwischen den Stiefeln der Polizisten durch die Tür, wollte fliehen, die Tür war zu, er konnte die Klinke nicht erreichen, er wurde geschnappt. Zurück vor den Richter.

»Fluchtversuch, Widerstand gegen die Staatsgewalt, beinahe Beschädigung von amtlichem Eigentum durch Bekratzen der Gerichtstür. Vergehen gegen die Paragraphen 1222 bis 2671, verschärfte Haft, abführen.«

»Aber die Diebe, Euer Gnaden Majestät, die können noch nicht weit sein, man könnte sie noch...«

»Was die Behörden zu tun haben, wissen sie selbst. Doppelte und dreifache Haftverschärfung wegen Einmischung in Staatsangelegenheiten, abführen!«

Und wieder ging es ab in die finstere Zelle.

Ob es Jahre waren, die vergingen, Wochen oder Monate – keiner hat es gezählt. Noch nie war der Quasselkasper so einsam wie hier im Gefängnis. Und dann, eines Tages, wurde er entlassen. Er hatte keine Kraft mehr in den Siebenmeilenbeinen, die Nase hing ihm nach vorn herunter. Die Mütze war müde geworden, kein Feuer mehr im Zipfel und keinen Mut. Er war so mager wie sein eigener Schatten geworden; denn das Essen war so wenig gewesen, daß eine Maus hätte verhungern können. Er ging aus dem Gefängnistor auf die Straße und dort weiter, egal wohin.

Der glückliche Maulwurf. Wer nicht arbeitet, dem fällt auch kein Hammer auf den Fuß, und Glücklichsein macht glücklich

Die Sonne schien, aber den Quasselkasper wärmte sie nicht. Er sah die schöne Landschaft rechts und links neben der Straße nicht, hörte die Vögel nicht singen, kurzum, er hatte keine Lust mehr zu leben.
Ein Bein vors andere, ein Bein vors andere. Da merkte er nach einer Weile, daß neben ihm ein kleiner, armseliger Kerl hertrippelte. Trug einen abgewetzten Gehpelz, hatte keine Schuhe an, trug einen Hut, so alt wie der Hundertjährige Kalender, und vorn in seiner kleinen Pfote hatte er einen kleinen, weißen Blindenstock. Den hielt er vor sich hin, um zu merken, wenn er irgendwo anstieß. – Ein Maulwurf.
Der Quasselkasper sah ihn von der Seite an und fragte dann: »Sie sind wohl ein blinder Mann?«
»Nein, nein, nur etwas kurzsichtig, weil ich nichts mehr sehen kann. Halb so schlimm.«
Sie gingen eine Weile weiter, da fragte der Maulwurf: »Wo ist die Sonne, Herr?«
»Was für eine Sonne?« fragte der Quasselkasper.
»Na, die wunderbare Sonne am Himmel. Oben am Himmel muß doch eine Sonne sein.«
Der Quasselkasper sagte: »Da, links oben.«
»Schön«, freute sich der Maulwurf, »weil, die Sonne mag ich so gern, sie sieht so hell aus.«
Nach einer Weile sagte der Maulwurf: »Aber Regen macht mir auch nichts, denn Regen putzt meinen Pelzmantel. Wissen Sie, eigentlich macht mir gar nichts etwas.«
Der Quasselkasper merkte bald, daß er hier einen seltsamen Kameraden getroffen hatte.

»Wo gehen Sie hin, Herr Maulwurf?«
»Nirgends hin. Ich habe kein Ziel. Denn wer kein Ziel hat, kann sich nicht verirren. Wenn ich wo ankomme, dann mache ich diesen Ort zu meinem Ziel. Dadurch habe ich mein Ziel immer erreicht, das macht mich froh, wissen Sie. Und ich freue mich gern, das ist meine Lieblingsbeschäftigung.«
»Und arbeiten Sie, haben Sie eine Arbeitstätigkeit, meine ich?«

»Sehen Sie, ich war früher Maulwurf, und ein altes Maulwurfsprichwort sagt: ›Wer nicht arbeitet, dem fällt auch kein Hammer auf den Fuß‹. Für was soll ich arbeiten, Herr?«
Der Quasselkasper hatte im Gefängnis das Reden verlernt. Aber je länger er hier mit dem seltsamen kleinen Kamera-

den zusammen war, um so mehr wollte er wieder quasseln. »Wissen Sie«, quasselte er, »ich komme von Wasserburg, ich meine, nicht direkt von Wasserburg, direkt komme ich aus dem Gefängnis, und zwar war ich einmal sehr reich, und dann hatte ich zwei Freunde, einen Fuchs und eine Katze...«

Und er erzählte ihm die ganze Geschichte von A bis Z. Wie sie ihm erst das Geld geklaut haben und die Polizei ihn obendrein eingelocht hat...

»Reichtum«, sagte der Maulwurf, »wissen Sie, macht nicht glücklich. Nur Glücklichsein macht glücklich. Weil, sehen Sie mich! Mein Vater hinterließ mir die ganze Erde. Sie gehört mir, aber ich lasse sie liegen, ich nehme sie nicht an; denn ich müßte sie ja umgraben, ich müßte sie auflockern und in Ordnung halten – und wozu das, Herr? ›Wer arbeitet‹, sagt ein altes Maulwurfssprichwort, ›verstaucht sich die Pfote‹. Und will ich das? Nein, mein Lieber. Nichts geht mir über meine Pfoten, weil ich sie in der Sonne wärmen kann, und das macht mich wieder glücklich. Ich habe oben Pfoten und unten Beine und darauf scheint mir die Sonne. Ist das nicht schön? – Haben Sie Beine?«

»Logisch habe ich Beine«, sagte der Quasselkasper, »Siebenmeilenbeine, die hat mir der Taff gemacht.«

»Wer ist der Taff?«

»Mein Pflegevater sozusagen.«

»Dann müssen Sie dem Taff dankbar sein.«

Die beiden freundeten sich bald dick an, gaben sich die Pfote und schworen sich ziemlich ewig Freundschaft.

Die Siebenmeilenbeine des Quasselkaspers waren noch lahm von der langen Gefangenschaft, und er lief immer etwas vor, dann wieder zurück, während der Maulwurf langsam und gemütlich vor sich hintrottete.

»Muß mich üben«, sagte der Quasselkasper. »Die Beine...

weißt du...« und war wieder weg. Rannte eine halbe Meile vor und wieder zurück.
»Wenn wir nach Hause kommen«, sagte der Quasselkasper, »erzähle ich dir tausend Geschichten von Wasserburg.«
Nach Hause! Aber wo war denn zu Hause?
Dachte der Quasselkasper an die Spielzeugkiste unter dem Dach neben dem siebten Balken im Haus des Signalvorstehers Gleisennagel oder an Wasserburg? Oder an den alten Taff? Oder was?
Er dachte an das Haus des Maulwurfs, denn er fragte ihn: »Wo wohnst du denn?«
»Ich wohne immer dort, wo ich bin. Wenn ich mich irgendwo hinsetze, dann bin ich dort zu Haus. Verstehst du das?«
Nein. Verstand er nicht.
Da wünschte sich der Quasselkasper, mit dem Maulwurf zusammen ein neues, lustiges Leben anzufangen. Sie wollten sich ein kleines Haus an einem Fluß bauen, weitweg von Dieben und Halunken und Leuten. Sie wollten sich die Sonne auf die Beine scheinen und den lieben Gott einen guten Mann sein lassen. Und nicht arbeiten.
»Und am Abend«, sagte der Quasselkasper, »erzähle ich dir tausend Geschichten von Wasserburg. Das wird ein feines Leben.«

Hosentaschenabzählreime

Opa ist blau
Oma ist schlau
Bäckt mir Kuchen
Du mußt suchen

Du bist ein fetter Igel
Ich hau dich in den Tiegel
Brat ich dich mit Mausespeck
Bist du weg

Popov oder Die Geschichte vom Schloß

In dem Land Margarinien, dort wo die Grenze ist, steht am Rand der großen Wälder ein kleines, weißes, altes Haus. Es ist mit Stroh gedeckt, das Dach ist schwer geworden in der langen Zeit, und die Balken biegen sich unter der Last. Das knarzt, wenn die Sonne scheint.

Die Fenster sind blind.

Ein alter Mann wohnt dort. Er heißt Popov. *Und er kann fliegen.* Mit den Händen. Ja.

Das Haus ist sieben Sonnenblumenstiele lang und vier breit. Die Wände sind weiß gekalkt und sauber. Vor dem Haus ist ein kleiner Garten mit Zaun. Dort wachsen

Kartoffeln und Sonnenblumen. Die Sonnenblumen sind wichtig; denn wenn der Winter auf dem Feld ist, und der Frost lauert vor der Tür, und in der Stube bullert das Feuer, dann sitzt der Mensch da und wartet und nimmt zwei Sonnenblumenkerne zwischen die Zähne, und es fallen ihm tausend schöne Geschichten ein. Sie schmecken so, wie der letzte Sommer war. Denn die Sonne ist in ihnen gewachsen.
Popov hat das Fliegen von einem Vogel gelernt. Der Vogel ist ein Freund von ihm. Er wohnt dort. Er hat dort ein Nest unter dem Dach in dem alten, weißen Haus. Sie sind sehr gut befreundet. Seitdem der alte Popov hier wohnt.
Er wohnte früher im Dorf unten, eine Stunde zu Fuß bis dorthin. Er war früher stark wie zwei Bären, war ein Schmied gewesen, und er war hierhergekommen und in das Haus gegangen, als er alt wurde. Er konnte mit den Füchsen reden, war mit allen Tieren hier befreundet. Er verstand, was sie sagten. Er wußte von allem, was es bedeutet. Er konnte mit Bienen reden und mit Hasen. Es roch hier nach Hasenmist in der Stube, denn neben der Stube, wo das Holz lag, wohnte ein Hase mit seiner Familie. Und es roch nach wildem Honig, oben auf dem Balken in der Stube nisteten wilde Bienen. Sie hatten dort ihre Waben, und in der Scheibe war ein kleines Loch. Da flogen sie hinein und wieder hinaus.
Sie alle brauchten nicht viel zusammen zu reden, denn es gab nicht viel zu sagen. Nur Belangloses, Alltagsärger. »Wie geht's, was macht die Blütenernte, was machen die Würmer, reicht das Futter, wird es morgen regnen? Na, dann sucht euch einen trockenen Platz!«
Mehr war da nicht. Denn wo sie alle zusammen wohnten, war alles in Ordnung. Und auch wenn der Marder kam und das Nest des Vogels ausrauben wollte, war der Vogel nicht dumm. Rief: »Kripp kripp kriii...«

Davon wachte der alte Popov auf und verjagte den Marder. Und dann kam die Geschichte! Die Geschichte vom Fliegen. Wie der alte Popov das Fliegen lernte. Mit den Händen, ohne Flügel. Mit den Augen mit den Ohren mit den Füßen steuern.
Aber erst noch das: Wie sah er aus? Der alte Popov nämlich. Hatte einen schönen Schnurrbart, hatte helle Augen wie Wasser, was bei einem Schmied daher kommt, daß er Zeit seines Lebens ins Feuer sehen muß. Hatte eine Hose und Stiefel und ein Hemd an. Trug im Winter eine Pelzmütze und eine Jacke. Ging immer zu Fuß. (So lange er nicht fliegen konnte!)
Aber jetzt fängt sofort die Geschichte an.
Zuvor aber noch das: Er konnte auch verstehen, was die Raben mit ihren Flügeln an den Himmel kratzten. Berichte für ihre Kameraden auf den Bäumen. Wetterbericht und von wo der Wind morgen wehen wird.
Dann konnte er auch noch lesen, was die Käfer auf die Baumblätter schreiben. Was sie dort hineinfressen, die Zeichen, die Punkte und Striche und was es bedeutet. Sie beschreiben die Tage, an denen es ihnen gut ging und an denen es ihnen schlecht ging. Sie schreiben ihren Lebenslauf auf die Blätter. Käfer und Würmer und Schmetterlinge. Das ist interessant. Und er konnte die Rotkehlchensprache pfeifen.
»Prüüüüüüü lütütütüüüüüüü prüüüülü...«
Was etwa bedeutet: »Auf den Birken, auf den Birken hat sich ein Schwarm schöner, fetter Mücken versammelt, prüüüüüü lü.«
Das kann er.
Alte Männer können oft auch zaubern. Und wenn sie fliegen können, klettern sie manchmal abends aufs Dach und ziehen die Schuhe aus, stoßen sich ab und fliegen

davon. Kommen dann erst nach fünf Tagen wieder, und keiner weiß, wo sie waren. Zauberei.
Aber jetzt kommt die Geschichte mit dem Fliegen.
Eines Abends also, die Sonne war schon untergegangen, aber es war noch nicht dunkel, und warm war's, lag der alte Popov auf seinem Bett aus Stroh. Die Stiefel schon ausgezogen, die Hose hing auf dem Nagel im Balken, und das Fenster war offen. Zwei Bienen kamen von der Arbeit zurück, etwas müde, hatten manches erlebt und setzten sich auf Popovs Bart. Honigarbeit beendet, ein kleines Summen konnte nicht schaden. Popov hörte ihnen zu. Da klopfte mit einmal einer mit seinem Schnabel auf seine Schulter.
»Du!«
»Wer?«
»Duhu!«
»Ich?«
»Jaha.«
»Wieso?«
Der Vogel war's. Der hier wohnte, der oben sein Nest hatte, der sein Freund war. »Kommst du mit?«
»Wer? Wohin?«
»Du. Aufs Schloß, aufs Schloß.«
»Auf welches Schloß?«
»Oben. Oben.«
Das Schloß oben in der Luft kannte der alte Popov. Er hatte es oft gesehen, aber er hatte nie hinauf gewollt, denn die Erde war sein Land. Bisher gewesen.
Manchmal, wenn die Sonne so flimmerte, da konnte er oben in der Luft ein wunderbares Schloß erkennen. Hat geglimmert, und die Sonne leuchtete durch die Mauern. Durchsichtig.
»Es liegt in der Luft«, sagte der alte Popov. »Ich kann nicht fliegen.«

»Fliegen? Fliegen. Nicht der Rede wert. Jeder einfache Vogel kann fliegen. Fliegen.«
Und dann zeigte er ihm, wie man fliegt.
Popov stand von seinem Bett auf und setzte sich aufs Fensterbrett. Dann stellte er sich auf die Bank vor dem Haus.

Schultern hochziehen, die Ohren von innen zuklemmen, mit den Augen flackern. Ellenbogen anlegen und mit den Fingern flattern. Und er schwebte über der Bank. Fing an, ganz leicht zu fliegen.
»Rechten Ellenbogen heben! Heben.«
Linkskurve.
»Schneller mit den Augen flackern! Flackern.«
Nicht viel Arbeit, auch für einen alten Mann nicht zuviel, und sie segelten nicht schnell, aber sehr schön hinauf auf die Bäume. Vorne der Vogel Kleiber und hinter ihm her der alte Popov.
»Hierher! Hier.«

Der Vogel Kleiber hatte sich auf einen Baumwipfel gesetzt, der alte Popov flog eine Rechtskurve, steuerte mit den Füßen nach, schwebte über dem Wipfel.
»Die Ellenbogen auseinander, Hände flach auf den Wind legen, absinken! Absinken.«
Popov schwebte langsam herunter und setzte sich neben den Vogel Kleiber auf einen Ast. Ohne Schuhe.
Über ihnen lag das Schloß. Durchsichtig, der große Mond ging im Osten auf, die Scheiben waren wie aus Silber.
»Schöner Flug«, sagte Popov. Er war zum ersten Mal in seinem Leben geflogen. Leicht und schön war das. Alte Männer lernen gern das Fliegen. Weil sie viel Zeit haben, weil die Leute nicht mehr viel mit ihnen reden, weil sie dann oft tagelang verschwinden können, aufs Dach klettern und davonfliegen, und keiner weiß, wo sie sind.
»Sie zünden die Kerzen an. An.«
Auf dem Schloß in der Luft flackerten Lichter auf. Gingen dort Diener herum? Tanzten dort vielleicht Prinzessinnen hinter den Fenstern?
»Gibt keine Maikäfer mehr. Mehr«, sagte der Kleiber. »Aß ich so gern. Gern.«
Sie hatten noch nie so viel miteinander geredet wie heute. Wenn sie sich früher im Garten trafen, sagten sie nur: »Wie geht's? Was macht die Brut, sind die Kleinen schon da?« und aus.
»Aber der Honig ist in diesem Sommer süßer«, sagte Popov. »Das kommt von den Lindenblüten. Ja.«
»Und die Raupen, die Raupen. Sind grün. Grün. Schön grün.«
War nicht von großer Bedeutung, was sie da miteinander redeten. Sie hatten nur Zeit, warteten, bis es etwas dunkler würde.
»Komm! Komm.«

Es war mit einmal dunkler geworden, der Vogel Kleiber war vorgeflogen und winkte mit dem Flügel.
»Hierher! Hier.«
Er kannte sich aus auf dem Schloß, war wohl schon oft hiergewesen. Popov hatte sich auf den Ast gestellt, die Ohren von innen verschlossen, die Ellenbogen angelegt. Mit den Augen geflackert, mit den Fingern geflattert und sich leicht abgestoßen.
Schwebte wieder. Schwebte über dem Gipfel, flatterte schneller, steuerte mit dem rechten Fuß und flog hinter dem Kleibervogel her. Und dann flogen sie direkt auf das Schloß hinauf. Ein etwas weiter Weg. Sie redeten im Fliegen miteinander, der Kleibervogel flog etwas langsamer als sonst, hielt sich immer neben seinem Freund.
»Die Spatzen«, sagte der Kleiber, »haben sich auf einer Birke eingenistet. Eingenistet. Das ist nicht gut für den Wald. Wald. Weil – sie stören den schönen Gesang, sie haben kein Gefühl für Musik-Harmonie. Nie. Immer nur plüt. Plüt. Plüt. – Plüt.«
»Kennst du den Fuchs?«
»Fuchs? Fuchs. Den kenne ich. Aber er kriegt mich nicht. Nicht. Er kann nicht fliegen. Kann er nicht. Nicht.«
Das Flugwetter war heute gut. Kein Wirbelwind, kein Fallwind, aber ein leichter Aufwind wehte von unten her und trug den alten Popov hoch hinauf.
Und dann waren sie da. Die Wände waren durchsichtig wie bei allen Luftschlössern. Sie konnten in die Kerzensäle hineinsehen, konnten die schönen Gold-Rosa-Möbel erkennen und die Diener.
Und die Prinzessinnen.
Und dem alten Mann Popov wurde es etwas schwindlig, Feuer flackerte ihm vor den Augen, denn schöne Prinzessinnen waren immer seine Leidenschaft gewesen.

Sie mußten sich schnell auf ein Fensterbrett setzen. Wie gut, daß er keine Schuhe anhatte, barfuß kann man sich besser festhalten.
Deswegen tragen Vögel keine Schuhe.
»Oh.«

Es flimmerte ihm vor den Augen, und die Lichter tanzten, denn da saßen zwölf von ihnen rund um einen Tisch. Die erste war schön, die zweite war noch schöner, die dritte noch noch schöner. Eine schöner als die andere, wenn er von einer zur nächsten sah. Und weil sie im Kreis saßen, konnte er von einer zur anderen mit den Augen wandern, jede war schöner als die zuvor. Ohne Ende, immer weiter, immer schöner, und je länger er schaute, um so unendlich schöner wurden sie. O du heiliger Wolkenhimmel!

Diener trugen Speisen und Getränke und schwebten auf weichen Sohlen über dem Parkett. Die Säle waren rosarot-gold, Popovs Lieblingsfarbe. Das alles zusammen war so schön, daß er es nicht mehr aushalten konnte. Und in diesem Augenblick verbeugte sich ein Diener vor einem alten König, der nicht weit von seinen Töchtern saß: »Zwei Herren sitzen draußen vor dem Fenster, König. Was soll ich sagen?«

»Sage, ich lasse bitten. Sollen neben meinen Töchtern sitzen. Wie sehen sie aus?«

»Einer etwas kleiner mit einer langen Nase. Und einer etwas größer mit einem schönen Bart.«

»Der kleinere soll neben der Mia sitzen und der größere neben der Pia. Und wenn sie wollen, sollen sie morgen heiraten. Der eine die Mia, der andere die...«

Mehr hörten sie nicht, denn Popov war vom Fensterbrett gefallen. Schwebte schon in der Luft, fiel steil hinunter. Der Vogel, sein Freund, sofort hinter ihm her, fing ihn mit dem Flügel auf.

»Flügel auseinander, spreizen! Spreizen.««

Als Popov die Arme auseinandertat und die Hände flach auf den Wind legte, schwebte er wieder, konnte sich auffangen, und sie schwebten auf die Baumwipfel. Ließen sich auf einer Buche nieder.

»Herren hat er gesagt. Gesagt«, sagte der Kleiber. »Hast du das gehört? Heute ist der schönste Tag meines Lebens. Lebens. Weißt du. Du.«

»Ob sie das gesehen haben?« fragte Popov.

»Was? Was.«

»Daß ich keine Hosen anhabe?«

»Herren hat er gesagt, gesagt«, sagte der Kleiber. »Noch nie hat ein König ›Herr‹ zu mir gesagt. Gesagt.«

»Keine Hosen«, sagte Popov. »Ohne Hosen kann ich nicht

heiraten. Weißt du. Aber morgen. Wir werden morgen wieder hinauffliegen, ja.«
»Wenn einer zu mir ›Herr‹ sagt, das schmeckt mir besser als drei Regenwürmer nach dem Gewitter. Gewitter.«
»Hat dir die Mia gefallen?«
»Gefallen? Heiraten? Will nicht heiraten, habe bereits eine Gemahlin. Gemahlin. Unten im Nest, weißt du. Du. Zwei meiner Töchter vom letzten Jahr haben sich gut verheiratet. Verheiratet. Die eine hat einen Zimmermann. Specht zum Mann. Die andere einen Holzspalter. Holzspalter...«
Kleiber sind Holzvögel, sie klettern an den Bäumen hoch und hacken das Holz auf. Suchen Würmer im Holz.
Und dann flogen sie zurück.
»Die Flügel spreizen! Spreizen«, rief der Kleibervogel, das ist die Kunst des Abwärtsfluges.
Der Kleiber ging nach Hause in sein Nest, Popov ging auf sein Bett aus Stroh, er träumte von der Hochzeit mit der schönen Pia. Die ganze Nacht.
Und seitdem kann er fliegen.

Der Bär und der Vogel

Es war einmal ein Bär, der lebte sieben Meilen weg von den Leuten, am Fuße eines Berges und bewohnte dort eine kleine, freundliche Höhle.
Im Sommer ging es ihm gut, verdiente er doch seinen Lebensunterhalt mit Bienenzucht und Honighandel, Beerensammeln und ähnlichen kleineren Arbeiten.
Auch mit den Waldleuten vertrug er sich gut, weil er leutselig war, auch niemals hinterlistig oder nachtragend, wenn ihn jemand im Spaß oder aus Versehen gehänselt hatte. Gemeinheit oder Bosheit waren ihm fremd, und er war für die anderen Tiere so wie ein lieber Großvater. Sie kamen zu ihm und flüsterten ihre Sorgen in sein Ohr, der Bär sagte nie etwas weiter.
Auch im Winter ging es ihm nicht schlecht. Er hatte ja einen warmen Mantel aus Bärenfell, und er hatte kleine Vorräte in seiner Höhle angelegt, die fast immer ausreichten.
Er hatte Honig, etwas Espenlaub (was zerrieben, mit Pilzen und Schnee angerührt, mit Honig gesüßt, ein wunderbares Bärenmahl ergibt), und er hatte Baumblätter sauber gefaltet unter seinem Kopfkissen gesammelt, auf denen er an langen Winterabenden die Geschichte vom Sommer lesen konnte.
Nur im letzten Winter, da war es besonders kalt. Der Wind hatte dem Bären den Schnee bis direkt vor das Bett geweht. Die Luft war wie kaltes Glas, und die Vögel fielen erstarrt in den Schnee. Und als die Heilige Nacht kam, stand der Mond kümmerlich und blaß am Himmel.
Dem Bären war es so kalt wie noch nie, und er sagte sich: »Es ist so kalt, daß ich es nicht mehr aushalten kann. Ich

werde jetzt in die Stadt gehen zu den Menschen. Vielleicht treffe ich einen Bekannten oder finde einen warmen Platz am Ofen, oder jemand schenkt mir eine Brotsuppe. Heute ist die große Nacht, da sind die Menschen gut zueinander.«
Da hatte er auch recht.
Er rieb sich die Pfoten, ging vor die Höhle und rief in den Wald: »Geht jemand mit in die Stadt? Es gibt eine warme Brotsuppe und ein schönes Fest. Niemand?«
Bloß das Echo rief zurück: Niemand.
Da ging der Bär allein den Rehweg entlang, der ja geradeaus zu den ersten Häusern führt. Lieber wäre er nicht allein gegangen, denn der Weg ist besser, wenn man ihn zu zweit wandert. Manchmal blieb er deshalb stehen, hielt die Pfoten an die Schnauze und rief: »Niemand, der mitgeht in die Stadt? Es gibt ein großes Fest.«
Aber es kam keine Antwort.
Und als es immer kälter wurde und der Bär nach vorn fiel, in den Himmel sah und dann die Augen schloß, kam ein kleiner Vogel geflogen, setzte sich auf sein Ohr, pickte ihn und sagte: »Kalt ist es, Bär! Könntest du mich ein Stück tragen? Ich kann nicht mehr fliegen wegen der Kälte, und ich würde dir ein bißchen vorsingen.«
Da stand der Bär auf, nahm den federleichten Vogel auf seine Schulter, und sie gingen zusammen in die Stadt.
Während sie gingen, versuchte der Vogel ein Lied, so gut es bei der Kälte möglich war. Der Bär lauschte, der Sommer fiel ihm wieder ein, und er ging ganz vorsichtig, um die Melodie nicht zu verwackeln.
Es war schon mitten in der Nacht, als sie in die Stadt kamen. Hinter den Fenstern waren die Kerzen ausgebrannt, und die Leute waren unterwegs in die Kirche.
Der Bär ging hinter ihnen her und lauschte dem Lied, das der Vogel ihm ganz leise ins Ohr sang. In seinen Augen ging

ein kleines Licht auf. Der Vogel sah es, wärmte sich daran, und bald schnitt ihnen auch die Kälte nicht mehr so in die Beine.
Als sie an der Kirche ankamen, ließ der Küster sie nicht hinein: »Bären und Vögel haben hier bitte keinen Zutritt. Das ist die Vorschrift. Auch kann ich keine Ausnahme machen, denn die Kirche ist überfüllt. Kinder und alte Frauen könnten sich ängstigen. Morgen oder übermorgen geht es vielleicht, denn meistens bin ich nicht so streng.« Das letzte sagte er, weil heute Weihnachten war.
Aber dem Bären und dem Vogel war das egal. Sie froren nicht mehr und setzten sich neben die Tür. Der Himmel war ihnen wie ein großes Dach, und die Welt hatte keinen Anfang und kein Ende.
Kinder kamen vorbei und sagten zu ihren Müttern und Vätern: »Was ist dort mit dem Bären? Ist er ein verwunschener Prinz oder etwa der Bärenkönig persönlich?«
»Kein Prinz und kein König«, sagten die Eltern, »wir haben jetzt keine Zeit, und morgen werden wir ihm etwas zu fressen bringen. Schluß jetzt!«
Als der Vogel immer leiser sang und der Bär sah, daß er die Augen zu hatte, verbarg er ihn vorsichtig und warm in seinen Pfoten und rührte sich nicht, um ihn nicht zu wecken. Auch dem Bären fielen bald die Augen zu, und er träumte das Lied zu Ende.
Inzwischen kamen die Leute aus der Kirche, gingen vorbei und nach Haus, denn das Fest hatte sie müde gemacht. Die Kirchentür wurde verschlossen, und der Küster hatte Feierabend.
Als die Nacht aber am höchsten war, kam ein Engel vorbei und trug die beiden zurück in einen Wald, in dem es niemals wieder so kalt wurde.

Der Josa mit der Zauberfiedel

Es war einmal ein Köhler mit Namen Jeromir. Er war so groß wie ein Baum und ganz stark. Und sein Sohn, das war der Josa. Aber der Josa war klein und überhaupt nicht stark. Das betrübte den alten Jeromir sehr, und oft kratzte er sich am Kopf und seufzte: »Ich weiß nicht, wie das noch einmal werden soll mit dir. Denn wie kannst du jemals Köhler werden? Du bist zu klein und überhaupt nicht stark. Wer soll deine Bäume tragen!«

Das betrübte auch den Josa sehr, wenn sein Vater sich grämte, denn sie gehörten doch zusammen.

Wenn man aber an der Lichtung vorbeikam, wo die beiden wohnten, und sah, wie sie im Grase lagen und die Sonne ihnen auf die Beine schien, konnte man denken, das ist ein wunderbares Leben.

Das hätte auch gestimmt, wenn die beiden nicht so betrübt gewesen wären. So verging ein Tag um den andern. Die Sonne schien auf sie herab, Regen kam vom Himmel, aber Josa wuchs und wuchs nicht.

Nun hatte der Josa aber einen Freund, der war ein Vogel.

Damals verstanden die Köhlersleute noch, was die Vögel sangen.

Als der Vogel eines Tages sah, wie der Josa unter einer Fichte saß und weinte, fragte er: »Warum?«

»Ach, weil alles so schlimm ist«, sagte der Josa. »Ich kann doch nie ein Köhler werden. Ich kann keine Bäume tragen, meine Schultern sind zu schmal.«

»Es braucht nicht jeder ein Köhler zu werden«, sagte der Vogel, und das stimmt. Dann schenkte er ihm eine Vogelgeige, eine Zauberfiedel, nicht größer als eine Feder. Der Bogen war wie ein Grashalm und die Saiten so dünn,

als wären sie unsichtbar. Er lehrte ihn, ein Lied darauf zu spielen, das klang so schön, daß es überall still wurde im Wald. »Ein Zauberlied!« sagte der Vogel. »Wenn du es spielst, spürt jeder, der zuhört, eine Verzauberung.«
»Könnte ich damit die ganze Welt verzaubern?«
»Die ganze Welt.«
»Auch Menschen?«
»Auch Menschen.«
»Macht es auch stark?«
»Jeder, der die Töne hört, wird größer werden und stärker.«
»Ich auch?«
»Du nicht. Wenn du stark wärest, könntest du nicht mehr spielen.«
»Dann will ich lieber fiedeln können«, sagte der Josa.
Dann lehrte der Vogel ihn das Lied rückwärts spielen.
»Man braucht das manchmal. Jeder, der das hört, wird kleiner werden, bis er so klein ist wie ein Fliegenbein.«
Rückwärts spielen war schwer, und es klang seltsam.
»Könnte ich auch dem Mond vorspielen? Würde er dann auch kleiner werden oder größer?« fragte der Josa den Vogel.
»Ja«, sagte der, »aber du mußt den Weg dorthin finden. Da müßtest du ans Ende der Welt, dorthin, wo der Mond die Erde berührt und er dich hört.«
»Ich werde ihn finden. Dann wird mein Vater es von hier aus sehen können und sich freuen, weil ich das kann.«
Er übte sein Lied sieben Tage, vorwärts und rückwärts.
Dann sagte er zu seinem Vater: »Laß mich bitte weggehen von hier, und guck immer auf den Himmel, denn ich werde für dich den Mond verzaubern. Hier mit meiner Fiedel. Dann kanst du allen sagen: Das ist der Josa, mein Sohn, der das kann.«

»Ist gut, Junge!« sagte der alte Jeromir, »geh, ich warte hier. Du kannst auch wiederkommen, ich bin immer zu Hause.«
Der Josa spielte ihm noch etwas auf der Fiedel vor, und der alte Jeromir spürte so eine Kraft in sich, daß es nicht mehr schlimm war, daß sein Sohn wegging. Und der Josa machte sich auf den Weg. Aber der Weg war weit und der Josa klein. Bald taten ihm die Füße weh. Er setzte sich ins Gras, nahm seine Fiedel und spielte etwas. Leise, nur so für sich. Aber eine Ameise saß da und hörte zu. Sie begann zu wachsen, wurde größer als der Josa selber. »Das ist gut so«, sagte der Josa, »wir werden zusammen gehen. Zu zweit geht man leichter.« Er stieg auf ihren Rücken, und sie zogen weiter durch das Land. Josa stopfte ihr Moos in die Ohren, damit sie nicht mehr weiterwuchs oder kleiner wurde, wenn er spielte, und der Wind verwehte die Töne. Bauern, die auf dem Acker Kartoffeln hackten, horchten manchmal gegen den Wind, vernahmen zwei, drei oder vier wunderbare Töne. Dann spürten sie Kraft in sich, aber wußten nicht, was es war. Hörten sie mehr, wuchsen sie. Etliche wurden auch kleiner, wenn er rückwärts spielte. Man kann es heute noch sehen: Überall gibt es kleinere und größere Leute.
Aber der Weg zum Mond war nicht leicht zu finden. Die Leute lachten, wenn der Josa sie danach fragte. Sie schickten ihn aus Spaß auch manchmal in eine falsche Richtung, da entlang und dort entlang. So kam er durch fast alle Dörfer und Städte. Er spielte auf Marktplätzen, aber sie gingen vorüber und hörten nicht zu. Er war zu klein und unauffällig. Manchmal lauschte ihm vielleicht eine Kuh, die da stand. Dann wurde sie größer und dicker und gab mehr Milch, und der Bauer mag sich gewundert haben.
Einmal kam der Josa an einem Haus vorbei. Ein armer

Tagelöhner mit Namen Burek und seine Frau wohnten darin. Sie besaßen nichts als eine kleine Gans, die legte jeden Tag ein kleines Ei. Zu wenig für zwei Leute. Der Josa klopfte an und fragte nach dem Weg zum Mond.
»Ach, was nutzen einem tausend Wege zum Mond, wenn meine Gans keine Eier legt«, sagte der Burek. »Früher hab ich den Weg gewußt. Dann kam die Not, und ich habe ihn vergessen.«
Die Gans war draußen auf der Wiese und suchte Futter. Der Josa spielte ihr das Lied vor, und sie fing an zu wachsen, wurde groß und rundlich. Der Tagelöhner freute sich so, daß ihm auch der Weg wieder einfiel. Dort und dann da entlang, sagte er. Bis an das Maisfeld, und dann müsse er weiterfragen.
Aber auf der gleichen Wiese haben damals auch kleine Gänseblumen gestanden. Auch sie fingen an zu wachsen, als der Josa spielte. Sie wurden groß und riesig und gelb wie die Sonne. – Sonnenblumen.
Als dann der Herbst kam, verstreute der Wind die Samen, und es wuchsen wieder Blumen daraus. Noch heute schmecken die Sonnenblumenkerne nach Zauberei. Als der Josa an das Maisfeld kam, wo der Weg sich teilte, traf er eine alte Frau, die hatte eine Ziege. Die Frau war sehr arm und besaß nichts weiter als diese eine kleine Ziege. Und als er sie nach dem Weg zum Mond fragte, sagte sie: »Ach, der Weg zum Mond! Was nutzen einem tausend Wege zum Mond, wenn man Hunger und Not leidet. Früher habe ich ihn gewußt. Dann kam die Not, und ich vergaß ihn. Hier meine Ziege, sie gibt kaum Milch.«
Da spielte der Josa für die Ziege, und sie wurde groß und stattlich. Auf ihrem Fell wuchs schöne Ziegenwolle, daraus konnte die Frau Pullover stricken. Die Ziege gab wieder Milch, und die Not hatte ein Ende. Da fiel der Frau auch

der Weg zum Mond wieder ein. »Wenn du da entlang gehst, geradeaus, kommst du an ein Maisfeld. Da mußt du weiterfragen.«
Bei dem Maisfeld traf er niemanden, nur ein einfaches Pferd.
Wen anders sollte er fragen als das Pferd?
»Mir ist alles egal», sagte das Pferd. »Weg zum Mond oder zur Sonne. Ich möchte am liebsten nicht mehr leben.«
»Wieso?« sagte Josa, »du bist doch groß und stark, hast hier genug zu fressen, und die Sonne scheint dir auf den Rücken.«
»Aber der Bauer prügelt mich. Er lädt mir die doppelte Last auf, weil er denkt, ich spüre nichts. Aber ich spüre viel, das kannst du mir glauben.«
Da spielte der Josa sein Zauberlied rückwärts. Das Pferd wurde kleiner, einen Meter dreiundfünfzig, und es freute sich.
»Wenn ich mir das so recht überlege, fällt mir auch der Weg zum Mond wieder ein. Alle Wege führen nämlich zum Mond, nur mußt du immer geradeaus gehen. Niemals rechts abweichen, niemals links abweichen, dann kommst du an das Ende der Welt. Hinter dem Wald kommt das Wasser, wo der Mond jeden Abend heraussteigt. Da ist es.«
Der Josa ritt auf seiner Ameise weiter. Wenn du heute so ein kleines Pferd triffst, wirst du sehen, daß es ihm jetzt gut geht. Es braucht kaum zu arbeiten und wird immer gestreichelt. Hat der Josa gemacht.
Der Josa bog nicht rechts vom Weg ab und nicht links und kam so in das Land der blauen Hügel. Dort wunderten sich die Leute über ihn, denn er war fremd hier. Sie lauschten, wenn er spielte, und wuchsen oder wurden kleiner. Er wurde berühmt, und bald kannte man ihn in allen Dörfern

und Städten. Manchmal warteten sie auf den seltsamen kleinen Jungen auf der Riesenameise.
So blieb es nicht aus, daß der König des Landes von dem Jungen mit der Fiedel und der Zauberkraft erfuhr.
»Wer ihm zuhört, der wird größer«, sagten die Leute zu ihrem König.
»Und wenn er nicht aufhört?« fragte der König.
»Wächst man immer weiter.«
»Dann holt ihn sofort her!«
Wie jeder weiß, kann ein König nie groß genug sein. Die Boten brachten dem Josa den Befehl des Königs, aber der sagte: »Nein!« Er konnte Könige nicht leiden, und Köhlerskinder lassen sich von keinem König der Welt befehlen. Als der König das erfuhr, geriet er in Zorn. Er brüllte, daß die Kronleuchter im Palast wackelten und schrie: »Dann bringt ihn mit Gewalt, zum Kuckuck!«
Er schickte die blauen Reiter aus, die sollten den Josa fangen. Sie hatten ihn bald entdeckt.
Josa nahm seiner Ameise das Moos aus den Ohren und fiedelte sein Lied. Die Ameise wurde noch größer und raste in gewaltigem Galopp davon. Aber auch die blauen Reiter waren nicht von gestern. Sie gaben ihren Pferden die Sporen und kamen immer näher. Da hielt der Josa an und spielte das Vogellied rückwärts.
Je näher die Reiter kamen, um so kleiner wurden sie. – Klein wie Fliegenaugen, wie Mückenbeine und verliefen sich im Gras. Nur einer nicht. Der wurde und wurde nicht klein, so laut und schnell der Josa auch spielte. Er war taub. Sein Pferd wurde klein und verschwand, genauso wie die Ameise. Der Blaue kam seelenruhig heran und überwältigte den Josa mit einer Hand, denn er war hundertmal stärker. Er nahm ihm die Fiedel weg, fesselte ihn, lud ihn auf den Rücken und schleppte ihn vor den König.

Der König ließ den Zauberfiedler ins Musikzimmer sperren. Als dann alle schliefen, machte er Türen und Fenster zu, keiner sollte von nun an auch nur einen Ton der verzauberten Musik hören. Nur er, der König. Er ganz allein wollte wachsen, größer werden, der Größte im Land und auf der ganzen Welt.
»Los, spiel!« befahl er ihm, aber der Josa spielte rückwärts. Der König verspürte so ein Kribbeln, hielt das aber für die Zauberei. Erst als ihm die Krone zu groß wurde und über die Ohren fiel, wunderte er sich. Aber da war es zu spät. Der Josa fiedelte und fiedelte, der König wurde kleiner und kleiner, lief bald wie eine Fliege auf den Zacken der Krone herum und fiel, als er so klein war wie eine Laus, von einem Edelstein und verschwand auf Nimmerwiedersehen in einer Fußbodenritze.
Am nächsten Tag war ein großer Tumult im Palast, als man den König nicht mehr fand. Alle liefen durcheinander, denn jeder hoffte selber König zu werden, und niemand beachtete den kleinen Jungen mit der Fiedel. Der Josa ging unbemerkt an der Palastwache vorbei, ging weiter durch das Land der blauen Hügel, wanderte wieder durch die Welt und spielte. Er machte Reiche ärmer und Arme reich, machte Schwache stark und Starke schwächer und kam schließlich ans Ende der Welt. Dort blieb er. Und wenn der Mond vorbeiwandert, dann spielt der Josa. Dann wird der Mond groß oder klein. Das sieht der alte Köhler Jeromir in seinem Wald und weiß, das ist der Josa, sein Sohn, der das kann.
Manchmal in der Nacht, wenn es ganz still ist und der Wind aus dieser Richtung kommt, dann kannst du ein, zwei oder drei wunderbare Töne hören, wie Musik.

Blaues Pferd und schwarzer Rabe

In unserem Dorf stand einmal ein kleines, wackeliges Karussell. Ein alter Mann hielt es in Gang. Früher hatte er es noch in Ordnung gehalten, jetzt war er alt und sorgte nur noch dafür, daß es lief. Er deckte jeden Tag die Plane ab, kassierte das Geld, spielte Leierkasten, und die Fahrt ging los. Kinder kamen und gingen, machten ihre Fahrt, und wem es gelang, umsonst zu fahren, der freute sich. Und das geschah oft, denn der Alte versah sein Geschäft nicht mehr mit der Genauigkeit von früher, er sah nicht mehr gut.
Abends deckte er das Karussell wieder zu, und für die Tiere aus Holz begann die Nacht. Aufdecken, zudecken, aufdekken, zudecken, im Kreise laufen, der Leierkasten spielt – immer dasselbe! Manchmal wurden die Zahnräder geölt, damit es nicht stehenblieb.
Auf dem Karussell gab es verschiedene Tiere aus Holz. Einen Elefanten, einen Raben, einen Hasen mit beweglichen Ohren, noch irgendwelche anderen und ein blaues Pferd mit goldenen Haaren und Bernsteinaugen. Jeden Tag liefen sie denselben Weg: Um sie drehte sich die Welt, und sie glaubten, sie kämen weit herum. Aber so war es nicht, denn sie waren ja angeschraubt.
Da geschah eines Tages etwas Wunderbares. Die Sonne versank gerade hinter den Dächern und schien mit den letzten Strahlen durch das Gestänge. Das Licht fiel genau in das Bernsteinauge des Pferdes und leuchtete auf einmal wie hundert Feuer. Es blinzelte hinüber auf die andere Seite des Karussells, berührte das schwarze Rabenauge, kam gleich wieder zurück, und das Pferd spürte mit einem Mal etwas, ich kann nicht sagen, was – wollte sich aufbäumen vor Freude, hingaloppieren zu seinem Raben-

freund. Es ging nicht, die Schrauben knarrten nur in dem Holz.

Dem Raben erging es genauso. Er wollte hochfliegen, wollte zum Pferd, jetzt, sofort! Die Schrauben hielten ganz fest. Als die nächste Fahrt begann, eilte er sich, lief hinterher, holte das Pferd aber nicht ein, denn es lief genauso schnell hinter ihm her – und sie erreichten sich nicht. Nur wenn sie wieder an die gleiche Stelle kamen, wo die Sonne durch das Gestänge schien, blitzte es für einen Augenblick auf.

Dann kam der Abend. Der alte Mann deckte das Karussell wieder zu, und für die beiden wurde es Nacht. Aber nicht so finster wie früher, denn sie konnten auf den nächsten Tag warten und auf die Sekunden mit dem verzauberten Licht.

So ging das eine ganze Weile. Wenn es regnete, hatten sie einen Trauertag. Wenn die Sonne schien, war es ein Glückstag. Der Mann merkte nichts davon. Für ihn war nur wichtig, daß das Karussell nicht stehenblieb, daß bezahlt wurde und basta!

Der schönste Tag für die beiden Freunde war, als einmal ein kleines Mädchen auf dem Raben ritt. Es hatte dann noch Geld für eine zweite Fahrt und kam durch Zufall zu dem Pferd und brachte die Berührung mit.

Eines Tages wurde die Plane nicht mehr abgedeckt, es blieb finster. Vielleicht war der alte Mann krank geworden, oder ein Zahnrad war ausgefallen.

Am Tag danach blieb es aber auch dunkel. Danach auch und schließlich für immer.

Für die beiden war das eine schlimme Zeit. Das Dach verfiel, und der Regen kam durch. Im Winter schneite es herunter, und das Holz wurde morsch. Holzwürmer fraßen sich durch.

Der alte Mann war gestorben.

Eines Tages kamen Männer und zerstörten das Karussell. Die Stangen wurden zerhackt und die Bretter übereinandergelegt, die Zahnräder verkauft. Sie schraubten die Tiere los und legten sie zusammen. Da geschah es, daß der Rabe direkt neben dem blauen Pferd mit den goldenen Haaren zu liegen kam. Sie wurden nicht mehr getrennt. Die Männer zündeten ein Feuer unter ihnen an, und als es flackerte, kam das verzauberte Licht wieder. Es glimmte in ihren Augen wie damals und war ganz warm. Es blieb auch nicht mehr nur für eine Sekunde. Viel länger! Es blieb, bis das Feuer verlosch.

POPOV & PIEZKE
JANOSCH
Traumstunde
für
Siebenschläfer

Es waren einmal 2 gute Freunde, die

...hießen Popov und Piezke. Sie wohnten zusammen in dem kleinen weißen Haus am Waldrand. Popov unten in der Stube, Piezke oben auf einem Balken unterm Dach. Popov konnte fliegen. Manchmal stieg er auf das Dach, setzte sich auf den Schornstein und flog ein bißchen herum. Piezke konnte nichts. Weil er so faul war.

Weil er immer nur schlafen wollte. Schlafen und schlafen... Denn er war ein Siebenschläfer. Immer schlafen. Er schlief im Winter, schlief im Frühling, schlief im Herbst. Schlief im Liegen, im Sitzen, im Gehen. In der Schule, beim Essen, am Tag und in der Nacht. *Aber seine größte Leidenschaft war das Fliegen!* Nur wollte er's nicht selber lernen. Er wollte mitfliegen, er wollte beim Fliegen schlafen, er wollte sich nicht dabei bewegen, und jetzt fängt die Geschichte an:
Der Winter war vorbei, Zeit für die kleineren Wald- und Pfotentiere in die Waldschule zu gehen.
»Steh auf, Piezke!« sagte der alte Popov. »Die Waldschule fängt an.«
»Uaaa«, gähnte Piezke, »wie·spät ist es?«
»Der 6. März«, sagte der alte Popov.
»Zu früh«, sagte Piezke und drehte sich um, »ich bin ein *Sieben*-schläfer. Wecke mich wieder am 7.....April.« Der 7. April kam, Popov ging wieder hinauf und weckte ihn. Freundschaft hin, Freundschaft her, Popov packte ihn an dem Kragen, denn Waldschule ist wichtig,

und schleppte ihn in die Stube.
Frühstücken.
Drei Haselnüsse, zwanzig Weizenkörner, frische Ziegenmilch, und Piezke schnorchelte im Stehen weiter:
»Uaaa, 7. April. Ist sowieso zu spät, da fangen morgen schon die Ferien an.«
Aber Freundschaft hin oder Freundschaft her, Waldschule ist wichtig, weil dort die jungen Hasen das Laufen lernen, die Hirschkäfer die Jagd, die Igel das Spurenlesen und die Siebenschläfer das Zählen lernen müssen, bis sieben nämlich.
»Oder fliegen wir?« Piezke machte ein Auge halb auf; denn Fliegen war seine Leidenschaft.
Aber nein. Freundschaft hin und Freundschaft her, wenn Piezke fliegen wollte, sollte er's selber lernen, sagte der alte Popov. Packte das Frühstück in ein Blatt,

und dann gingen sie los.
Piezke schlief im Gehen. »Pflück mir doch mal eine Blume, ja!« sagte er, aber das war nur ein Vorwand, eine Ausrede, er wollte, als der alte Popov ihm eine Blume suchte, sich hinlegen, ein kleines Nickerchen machen.
Gingen sie ein Stückchen weiter, hatte er eine neue Ausrede: »Bleib doch mal stehen, ja! Ich muß husten.«
Legte sich hin und pennte.
»Ich muß mich mal kämmen.« Blieb wieder stehen, kippte um und schnorchelte wie eine Baumsäge. Sie kamen überhaupt nicht vorwärts.

Er sah die schöne Landschaft nicht und was alles passierte im Wald. Sah nicht, wie lustig sich die Tiere im Wald tummelten, er wollte immer nur schlafen und schlafen und schlafen.
Oder fliegen!
Freundschaft hin oder Freundschaft her, aber man darf die Faulheit nicht auch noch unterstützen. Wenn einer fliegen will, soll er's selber lernen.
Vorne ging Popov und hinten der faule Piezke.
Auf einem Sandberg blieb er stehen. Auf einem Sandberg hat man eine gute Aussicht, wenn man die Augen halb aufmacht. Und auf einem Sandberg wird man selbst auch gut gesehen. Von allen die vorbeifliegen, von Fliegern, Vögeln, Adlern, Spatzen... Meisen... Schmetterlingen...

»Hee…« Zu spät!
Ein wilder Vogel hat den Piezke erwischt. Will ihn wohl fressen. Will ihn wohl in sein Nest schleppen. Freundschaft ist Freundschaft, und der alte Popov muß sich aufschwingen und ihn retten.
»Heeee…«
Und Piezke schläft und schläft und träumt vom Fliegen…

Aber da kommt ein größerer wilder Vogel, schnappt sich den kleineren wilden Vogel. Will ihn wohl fressen. Will ihn nach Haus in sein Nest schleppen und seine Kinder damit füttern.

»Heeee ...«
Keine Rettung in Sicht, denn ein alter Mann ist keine Schwalbe, und Popov holt sie nicht ein.
Nur Piezke schläft und schläft und träumt vom Fliegen.

…aber da kommt aus der
Ferne ein Flugzeug.

Eine Rettung!

Das ist ja Plümm Pelzki, der Großwildjäger, mit seiner Super-8-Trudelmaschine. Hat den Raubvogel schon gesichtet. Reißt seine Super-8-Trudelmaschine herum...
schwingt das Lasso...

Rettung in Sicht?

Nein. Er hat den großen wilden Vogel mit dem kleinen wilden Vogel schon gefangen, schleppt sie nach Hause. Will sie an einen Zoo verkaufen. Oder will er sie fressen?
»Heeee... ihr da...!«
Nur Piezke schläft und schläft und träumt schön vom Fliegen.
Keine Rettung in Sicht, denn die Super-8-Trudelmaschine fliegt fünfmal schneller als zehn wilde Vögel und hundertmal schneller als ein alter Mann.
Verloren. Alles verloren. Aus, Sense, Schluß.
Nur noch der Räuber Jonny Schnapsglas lauert mit seiner doppelten Flinte auf Beute.

Hat Plümm Pelzki bereits gesehen. Lädt seine Flinte… legt sie an… hat es wohl auf den schönen Pelzmantel des Großwildjägers abgesehen und ballert…
Bammmmm brrrrmmmmm fiuuuu…
Schrot.
Getroffen.

Aber Plümm Pelzki ist stärker, stürzt auf Jonny Schnapsglas. Jonny fleht um Gnade…
Nur Piezke ist verloren. Stürzt in den Teich. Kann nicht schwimmen. Aus, Sense, Feierabend, Schluß mit allem. Und er träumt immer noch vom Fliegen…

Aber Freundschaft ist Freundschaft,
da gibt es keine Ausrede.
Und wer fliegen kann,
der kann auch unters Wasser
gehen. Da treibt ja Piezke in der
Strömung und träumt vom Fliegen.

in der letzten Sekunde gerettet. Die Waldschule ist längst vorbei. Die Sonne geht schon unter, die kleinen Waldtiere grummeln schon in ihren Höhlen. Piezke schläft immer noch. »Weißt du«, sagt er im Schlafe, »weißt du, heute war in der Waldschule der schönste Tag meines Lebens. Denn wir hatten den ganzen Tag Traumstunde. Und ich habe gewonnen... weil... nämlich... ich hatte den schönsten Traum. Von Plümm Pelzki... und von der Trudelmaschine... und ich habe... immer... vom... Fliegen...ge...tr–ä–u–mt...«

Reineke Fuchs

Es war einmal ein Fuchs, der hieß mit Vornamen Reineke und war ganz schlau. Er wohnte in dem Lande des Königs Nobil, der ein Löwe war.
Das Löwenreich war riesengroß und reichte über alle Wiesen und Felder und noch ein ganzes Stück über den großen Fluß. Es gehörten sieben ungeheure Wälder dazu, und alle Tiere taten, was der König befahl. Nur der Fuchs nicht.

Der Fuchs tat nur das, was ihm selber gefiel. Und das war nichts Gutes, denn er war ein Taugenichts. Er hatte nur Unfug im Sinne, und es gab dauernd Ärger mit ihm.
Der Löwenkönig Nobil kratzte sich vor Zorn auf dem Kopf und knurrte: »Verdammt noch mal, der Fuchs, der geht mir aber gewaltig auf die Nerven. Ich muß endlich etwas gegen ihn unternehmen!«

Doch was konnte er schon gegen ihn unternehmen, wenn er den Fuchs nie zu Gesicht bekam? Nichts!
Nun gab der König Nobil immer, wenn Halbmond war, ein Waldfest, denn bei Halbmond hatte er Geburtstag. Drei Tage vorher schrieb die Wachtel Mimi prachtvolle Einladungen in Druckschrift auf Wacholderblätter. Der Ostwind, der damals noch gewöhnlicher Briefträger war, trug die Einladungen aus, denn er kam am weitesten herum. Freilich war er nicht ganz zuverlässig, und hier und da ging schon mal ein Blatt im Wind verloren. Das war aber nicht schlimm; denn die Kunde von einem Fest verbreitet sich ja auch mündlich, und am Ende erfuhren es alle und kamen zu dem Fest.
Nur der Fuchs, der kam nicht.
Das Fest fing schon beim zweiten Sonnenstrahl in der Früh an. Zu allererst sang der Vogelgesangverein das Lied: Morgenro–ot Morgenro–ot – und gleich danach spielte der Südwind etwas auf der Windharfe. Wenn aber der Star das Lied vom Engelchen sang, dann mußten alle Tiere leise weinen; denn er sang es ungeheuer schön.
Und dann wurde auf der Schneise die Tafel gedeckt. Die Speisen waren reichlich und schmackhaft. Die kleineren Tiere betranken sich an ganz einfachem Nektar, die großen tranken Waldmeistermet, und die mittelgroßen mischten beides halb und halb. Die Vögelchen sangen lustige Lieder, und der Elefant Bulli schlug mit dem Schwanz an die Eibe. Das war der Takt für die Musik.
Tat den Singvögeln aber mal der Schnabel weh, dann sangen die Rabenvögel den Schmetterlingswalzer; denn auf einem schönen Fest will doch jeder mal singen. Dazu tanzten die Tiere friedlich miteinander: ein Gimpel mit einem Siebenschläfer, die Käfer mit den Libellen, und die alte Katze tanzte mit einem jungen Hasen die Hasenpolka.

Der Herr König selber und seine Frau waren mit weißen Blümlein geschmückt, denn Weiß bedeutet Geburtstag. Sie gingen auf und ab und hatten für jeden ein freundliches »Guten Tag« oder »Wie geht es auch?«
Das war ein schönes Fest.
Da kam plötzlich der Wolf gelaufen und jaulte, weil der Fuchs schon wieder seine Frau (die Frau Wolf nämlich) gehänselt und die Wolfskinder beschmutzt hatte. Und das sei beileibe nicht das erste Mal gewesen!
Sofort fing auch ein armer Hund an zu heulen, daß der Reineke, dieser gemeine Hundsfott, ihm vorgestern ein Stück Lyoner Wurst geklaut und dann noch in die Schweifgegend getreten hätte.
Der Katze Anni hatte er böswillig den Pelz beschädigt und einer Häsin ins Ohr gebissen. Ihren Mann, den Hasen, hatte er auf die Nase geboxt.
Und das ging zu weit!

Die Tiere schrien wild durcheinander: »So geht das doch wirklich nicht weiter, König, da müssen Sie etwas tun! Wo bleibt da die Ordnung? Der Fuchs ist ein Schubiak, ein richtiger Halunke. Keiner weiß etwas Gutes über ihn. Oder weiß einer etwas?«
»Ja, doch! Ich – hier, der Dachs«, rief der Dachs. Er war nämlich der Schwager des Fuchses und hatte Schulden bei ihm. Er mußte sich deshalb mit ihm gut stellen.
»Alle mal herhören!« rief er. »Ich werde jetzt gleich eine schöne Geschichte erzählen: Vor einem Jahr ungefähr, im Monat Juli, da fuhr ein Bauer mit einem Wagen voll Fischen durch unseren Wald. Und wenn Fische in unserem Wald sind, wem gehören sie dann? Uns! Das ist klar, und da braucht man gar nicht mehr darüber zu reden. Wie durch Zufall kamen der Wolf und mein Schwager, der Fuchs, vorbei. Und das am Freitag! Freitag ist nämlich Fischtag. Außerdem ist Fisch gesund. – Mein Schwager, ein heller Kopf, wie jeder weiß, legte sich also mitten auf den Weg und sah aus wie tot. Der Bauer, nicht faul, warf ihn hinter sich auf den Wagen, fuhr arglos weiter und rechnete dabei im Kopfe nach: Ein Fuchsfell, das bringt mir zwölf Mark. Für zwölf Mark bekomme ich zwei Fuchsfallen. Damit fange ich ungefähr zehn Füchse. Zehn Fuchsfelle bringen zehnmal zwölf Mark, dafür bekomme ich doppelt soviel... und er rechnete, bis er bei tausend Füchsen war.
Währenddessen aber warf mein Schwager die Fische einzeln herunter, und der Wolf sammelte sie auf. Als Reineke aber selber kam, um mit ihm zu teilen, saß der Wolf vor den Fischgräten und feixte, denn er hatte sie längst allein abgenagt. Und nun, Leute, sagt doch selber: Wer ist gemeiner, der Fuchs oder der Wolf?«
Noch ehe einer antworten konnte, kam der Hahn Rudibald gelaufen und weinte wie ein Schloßhund. »Ein Unglück,

Freunde, ein Unglück«, krähte er. »Alle mal herhören! Der Fuchs hat mein Lieblingshuhn gefressen. Heute früh nämlich, kurz nach dem ersten Hahnenschrei, sagte eine innere Stimme zu mir: Geh doch mal die Hühner zählen, Hahn! Und es fehlte eins. Und was soll ich sagen: Es war meine prächtigste Henne, die schöne, große Lia. Sie hatte Augen, Herr König, Augen wie eine Falkin. Und eine Brust mit den zartesten Federlein, Herr König, wie ein Engelchen. Gestern nach Sonnenuntergang, da soll er gekommen sein, dieser verdammte Fuchs. Er soll sie mit liebreizenden Blicken und wohlfeilen Worten aus dem Stall gelockt haben. Leere Versprechungen hat er ihr gemacht. Sie ging mit ihm hinter die Mauer, und da hat er sie verschmatzt. Bloß den Kopf ließ er übrig. Ausgerechnet nur den Kopf.«

»Meine Nerven, meine Nerven!« brüllte der König. »Ich halte das nicht mehr lange aus, ich bin ja auch bloß ein Mensch. Holt den Fuchs her, los! Und zwar der Bär!«

Der Bär sah nämlich am stärksten aus und war aus guter Familie und vornehm. Auch war er nicht dumm.

Als er nach sieben Stunden Fußmarsch beim Fuchs ankam, hatte er einen Bärenhunger, und die Zunge hing ihm trocken zwischen den Zähnen. »Sofort zum König kommen«, japste er, »wegen verschiedener Verfehlungen an anderen Tieren. Es wird Gericht gehalten.«

Der schlaue Fuchs folgte ihm ohne Widerrede, führte ihn aber mit Absicht durch das Dorf. »Ich wüßte einen Bauern, Herr Bär, der hat Honig. Wenn Sie wollen, könnte ich Ihnen zeigen, wo.«

Wer aber vom Honig hört, kann nicht nein sagen!

Der Fuchs führte den Bären also zu dem Bauern, der wie durch Zufall einen Baumstamm auf dem Hof liegen hatte. In diesem hatte er einen Keil getrieben, um ihn zu spalten.

»Da drinnen, Herr Bär, ist der Honig. Echter Baumbienenhonig, ganz süß!« Kaum hatte der Bär die Pfoten hineingesteckt, da zog der Fuchs den Keil heraus, und der arme Bär war gefangen. Das tat dem Bären aber an den Pfoten weh, und er fing an zu singen, er dachte sich: Gesang macht fröhlich.

Das war wiederum ganz falsch, denn wer in der Nacht singt, weckt die Bauern.

Der Bär hatte gerade die dritte Strophe angefangen, da kamen auch schon die Dorfleute gerannt. Die dummen unter ihnen hatten keine Angst und schlugen mit harten Stöcken auf den armen Bären ein. Die alten Männer aber warfen von weitem mit kleinen Steinen nach ihm; denn sie konnten sich noch gut an seine Bärenkräfte erinnern und hielten sich deshalb im Hintergrund.

Die Weiber aber machten ein großes Geschrei; denn Geschrei hilft in einem Kampf viel.

Als die Schlägerei immer unübersichtlicher wurde und man Freunde und Feinde nicht mehr voneinander unterscheiden konnte, da entwischte der Bär in einem günstigen Augenblick und machte sich aus dem Staube. Ihm taten alle Knochen weh, und sein Fell war zerrissen. Ein Bärenfell ist keine Elefantenhaut und hält auch nicht ewig. Und er machte sich auf den Weg zum König. Er ging dreizehn Tage zu Fuß, bis er endlich ankam.

Als der König Nobil von der neuen Untat des Fuchses erfuhr, brüllte er vor Zorn so laut, daß die Bäume zitterten und die Blätter abfielen wie im Herbst. Dann lehnte er sich in seinen Thronsessel zurück, holte eine ganze Brust voll frischer Luft und überlegte: Der Bär ist groß, stark und aus gutem Hause – aber er ist dumm. Der Kater ist klein, schwach und stinkt – also ist er klug. Außerdem ist er schwarz. Schwarz bedeutet Pech – und zwar für den Fuchs!

»Der Kater soll jetzt den Fuchs holen!« rief er. »Und laß dir keinen Honig ums Maul schmieren, verstanden!«

»Verstanden«, sagte der Kater, und ihm zitterten die Hinterbeine, wenn er bloß an den Fuchs dachte. »Honig schmeckt mir doch gar nicht und macht auch dick«, sagte er noch und trottete los. Er schlich sich hinter den Bäumen bis zu der Höhle des Fuchses.

Auch ihm folgte der Fuchs ohne Widerrede, führte ihn aber wie durch Zufall an der Scheune des Nachbarn vorbei. Der Nachbar hatte nämlich Mäuse, und an jedem Abend war ein Konzert. Ein wunderbares Mäusepfeifkonzert. Kaum hatte der Kater die ersten Töne gehört, wurden seine Augen ganz hell, und sein Verstand wurde schwach, denn diese Töne waren seine Lieblingsmusik. Er stürzte sich Hals über Kopf in die Scheune und war auch sofort in einer Schlinge gefangen.

Der Nachbar hatte nämlich einen Sohn, einen scheinheiligen Lümmel, der im Gesicht aussah wie eine Sumpfmücke. Der Schlingel hatte eine Schlinge gelegt, um Tiere zu fangen. Jetzt lauerte er hinter dem Gebüsch, und kaum hing der Kater fest, stürzte sich der verdammte Kerl auf ihn, und es entbrannte ein heftiger Kampf zwischen den beiden.

Der Kater verlor.

Außerdem verlor er einen großen Teil seiner Haare und ein Auge. Wäre er nicht so biegsam in seinen Bewegungen gewesen, dann wäre er nie mit dem Leben davongekommen.

Er ging ganz langsam zurück zum König, denn wer nicht gut sieht, muß langsam gehen, dachte er. Er brauchte mehr als sieben Tage.

Als der Löwe die neuerliche Gemeinheit des Fuchses überdacht hatte, wurde er so zornig, daß ihm, als er versuchte zu brüllen, das Maul offenblieb, ohne daß ein einziger Ton vernehmbar war. Dann trommelte er nervös mit dem Schwanzende auf den Erdboden und sagte: »Das ist doch nicht menschenmöglich! Dieser Fuchs ist das unverschämteste Tier im ganzen Revier. Wer holt ihn freiwillig? Vortreten!«

Es meldete sich wieder der Dachs. Weil er mit dem Fuchs verwandt war, brauchte er ihn als einziger nicht zu fürchten.

Er machte sich sofort auf den Weg und fand Reineke in seinem Garten vor dem Haus. »Komm schon mit, Schwager!« sagte er. »Du weißt ja, so ein König ist dümmer, als die Polizei erlaubt, und wir werden ihm schon einen Streich spielen.«

Die beiden machten sich also auf den Weg. Sie waren in guter Stimmung. Der Nachmittag war sonnig, die Bienen summten fröhlich über dem Waldweg. Die beiden erzähl-

ten sich schöne Geschichten und lachten aus voller Brust.
»Paß mal auf, Dachsi«, sagte Fuchs Reineke »noch eine Geschichte: Im letzten Frühling, so um die Zeit der Eisheiligen, da kommt doch der alte Wolf zu mir und fragt, ob ich ihm Musikunterricht geben könne. ›Ein leichtes Instrument, bitte schön‹, sagt er, ›das nicht so viele Töne hat und das ich ohne Noten spielen kann, denn du weißt, ich bin kurzsichtig.‹
›Ich lehre dich Glockenläuten‹, sage ich zu ihm! ›Glocken klingen vornehm, sehen schön aus und haben einen kräftigen Ton. Und Glocken gibt es überall, deswegen sind sie auch günstig in der Anschaffung. Und wer Glocken läuten kann, ist ein gebildeter Mensch und überall gern gesehen‹, sage ich noch.
Wir gehen also zusammen in das Dorf zu der Kapelle, und ich habe ihn mit den Pfoten an die Glocke gehängt. Ich will nicht sagen, daß er unmusikalisch ist, Schwager, aber vielleicht hat er nicht richtig geläutet. Ich konnte noch von weitem sehen, wie die Leute aus dem Dorf sich von hinten heranschlichen, und rufe: ›Wolfi, lauf weg, sie kommen!‹ Aber er konnte mich nicht mehr hören. Sie verwickelten ihn in einen Streit und warfen ihn dann, weil er scheintot war, auf das Feld. Nach drei Tagen wachte er wieder auf, ging nach Hause und konnte elf Wochen nur auf gekühlten Steinen sitzen und ganz weiches Gras fressen, weil ihm die Zähne etwas wackelten.«
Übers Erzählen verging den beiden die Zeit wie im Flug, und sie waren mir nichts dir nichts beim König angekommen.
Der Gerichtshof war schon vollzählig versammelt. Die Wildsäue hatten sich Perücken aus echtem Roßhaar aufgesetzt und mit Lindenblütenstaub gepudert.
Der König aber setzte sich selber auf den Gerichtshügel

und sagte: »Jetzt geht es los, Leute. Ich bin der Richter. Wer also etwas Schlechtes über den Fuchs weiß, der soll vortreten!«
Da drängten sich alle Tiere nach vorn außer dem Dachs.
»Nochmals alles zurück auf die alten Plätze. So geht das nicht, Tiere! Jetzt einmal umgekehrt: Wer etwas Gutes über den Fuchs weiß, vortreten. Los!«
Es trat bloß der Dachs vom Isenberg vor.
»Schon entschieden«, sagte der König, »der Reineke Fuchs ist schuldig. Es gibt nichts Gutes über ihn zu sagen, und der Dachs, der gilt nicht, weil er mit dem Fuchs verwandt ist.«
Er ließ von einem, der schreiben konnte, das Urteil auf ein Blatt schreiben und las es laut vor: »Der Fuchs soll mit einem festen Bindfaden um den Hals an einen geraden Ast gehängt werden. Da gibt es keine Widerrede, denn das ist ein gerichtliches Urteil. Unterzeichnet vom König. Das bin ich.«
Sogleich wurde die Nachteule geweckt, und sie mußte ein schönes, melodisches Sterbelied für den Fuchs komponieren. »In Moll bitte«, sagte der König, »das klingt traurig.«
Der alte Specht suchte einen gesunden Baum mit einem geraden Ast für den Fuchs aus, denn vom Holz verstand der Specht viel. Die Seidenraupen nestelten einen schönen festen Bindfaden aus reiner Seidenraupenseide für den Fuchs zusammen, und eine Schlange machte eine Schlinge.
Da hatte der Fuchs im letzten Augenblick eine Idee. Er rief: »Hört mich an, Tierfreunde, und laßt mich eine kleine Rede halten! Denn wer stirbt, darf doch noch schnell eine kleine Rede halten. Oder nicht?«
»Doch, doch«, sagte der König, der ein gutes Herz in der Brust hatte, »laßt ihn ruhig etwas reden, damit er auch mal auf andere Gedanken kommt und nicht mehr ans Sterben denkt.«

Der Fuchs stellte sich auf einen Stuhl und fing an: »Ein Schubiak bin ich, habt ihr gesagt. Das stimmt. Und ein Schlendrian und Tausendsassa. Das stimmt auch. Aber ich bin auch ein Dieb, denn ich habe einen kleinen Schatz geklaut. Bißchen Gold, bißchen Silbergeschmeide und etwas Schmuck für die Frauen.«
Schon scharrte die Frau Löwenkönigin mit der Hinterpfote im Sand, stieß den König mit dem Schwanz in die Seite und flüsterte: »Schmuck! Hast du gehört, Mann? Schmuck hat er, und womöglich echten.«
Der schlaue Fuchs wußte nämlich genau, daß viele Frauen

ganz kleine Augen kriegen und dumm werden, wenn einer von Schmuck redet.
»Bitte, reden Sie doch weiter und ein bißchen schneller, Herr von Fuchs«, flötete die Löwenkönigin durch die vorderen Schneidezähne, »und ist er schön, der Schmuck? Glänzt er?«
»Schö-ön«, sagte der Fuchs, »und glänzt so neu wie der Neumond. Aber lassen Sie mich alles der Reihe nach und von Anfang an erzählen. Vor etwa zwei Hundejahren (damals rechneten die Füchse nach Hundejahren), da erfuhr ich hintenherum von einem Bekannten, daß der Bär und der Wolf beschlossen hatten, den König – Ihren Herrn Gemahl also – vom Thron zu werfen und den Bären mit der Königskrone zu krönen. Der Bär war sogar schon über die Grenze gegangen, um fremde Soldaten anzuwerben. Lauter Hyänen und Wölfe, lichtscheues Kriegsgesindel, Linkshänder und Plattfüßler, so tausendundvier Halunken im ganzen. Und womit sollten diese bezahlt werden? Mit dem Schatz. Mit Gold, Silberwaren und schönem Schmuck.«
Er verbeugte sich vor der Königin.
»Da dachte ich bei mir: Wo kein Gold ist, gibt es keinen Krieg. Und da habe ich den Schatz einfach gestohlen. Die Söldner mußten entlassen werden, und mein Herr König blieb auf seinem Thron. So war das!«
Der König leckte sich eine Träne aus dem Schnurrbart, als er die schöne Geschichte von seinem Tod vernahm, und seine Frau weinte etwas lauter; denn sie dachte an das Gold- und Silbergeschmeide. Sie schluchzte: »Den Weg, Herr Fuchs, bitte, sagen Sie uns bloß noch den Weg zu dem Schatz, und sofort sind Sie frei.«
»Der ist ganz leicht zu finden«, sagte Reineke, »man geht fünf Tage der Sonne entgehen und biegt dann scharf rechts in die Büsche, bis man zu der kleinen Wüste kommt. Dann

ganz quer durch die Wüste, bis zu dem Holunderstrauch, dort genau vierzehn Schritte nach links, bis zu dem Breitwegerich. Unter dem zweitgrößten Blatt, da liegt das Schätzlein vergraben. Bißchen Gold, etwas Silber und dann der Schmuck. Sieben Koffer voll. Alles gestempelt und ehrlich echt.«

»Das ist ja lächerlich, was dieser Seifensieder hier erzählt«, stieß der Bär zwischen den Zähnen hervor. Aber keiner hörte ihm zu, denn sie dachten alle bloß an das Gold.

In aller Eile sagte der König zum Wolf und zum Bären: »Ihr gemeinen Verräter«, und ließ sie ins Gefängnis werfen, wo sie ihre Zeit bei Wasser und trockenem Gras verbringen mußten.

Die königliche Familie packte Schaufeln und etwas Wegzehrung ein und machte sich sofort auf den Weg zu dem Schatz. »Der Ziegenbock und der Hase begleiten den Fuchs nach Hause!« rief der König noch im Weggehen, und dann ging jeder seinen Weg, und die Lichtung war so leer wie zuvor.

Der Fuchs, der Hase und der Ziegenbock aber gingen zusammen zum Fuchsbau. Vor dem Eingang seiner Hütte führte der Fuchs den Bock auf eine schöne, fette Grasnarbe, die leicht mit Klee durchwachsen war, so daß dem Bock das Wasser im Maul zusammenlief und er arglos zu fressen anfing.

Währenddessen lud Reineke den Hasen in seine Wohnung ein, und dann gab es bei den Fuchsens Hasenbraten. Das war ein fröhliches Festessen, und die Füchslein sprangen von einer Hinterpfote auf die andere und sangen:

»Der Hase war ein lieber Mann, lieber Mann,
lieber Mann.
Was fängt man mit ’nem Hasen an, Hasen an?«

Da rief die Fuchsmutter: »Ruhe jetzt, Kinderchen, und ihr

sollt nicht immer so frech sein. Jeder muß doch einmal sterben! Außerdem habt ihr schon wieder nicht alles aufgegessen!«

Der Hasenkopf war nämlich übriggeblieben. Der alte Fuchs packte ihn in eine Tüte und schickte diese durch den Ziegenbock dem König. »Ein kleines Geschenk, kannst du sagen, und einen schönen Gruß noch! Der Hase bleibt übrigens hier.«

Der arglose Bock machte sich auf den Weg und brachte dem König die Tüte.

Inzwischen waren die Königs wieder zu Hause und knurrten wütend vor sich hin: »Der verdammte Fuchs hat uns einen Bären aufgebunden mit seinem Schatz. Und das mit dem Bären stimmt bestimmt auch nicht.«

So wurden der Bär und der Wolf wieder freigelassen, und sie saßen alle gerade beieinander, als der Bock die Tüte brachte.

»Einen schönen Gruß vom Reineke Fuchs. Und hier machen wir Ihnen eine kleine Freude, König. Ich und der Fuchs.«

Als der König den Kopf seines Lieblingshasen erkannte, stiegen ihm vor Wut Tränen in die Augen. Wie oft hatte er im Stillen darüber nachgedacht, ob er den Hasen vielleicht selber fressen sollte. Und nun war er weg!

Die Trauer machte ihn so zornig, daß er auf der Stelle den ganzen Ziegenbock mit Haut und Haar und allen seinen Angehörigen dem Bären und dem Wolf schenkte. Deshalb fressen die Wölfe auch heute ohne Bedenken die Böcke und Ziegen, denn geschenkt ist geschenkt! Und das kann ihnen keiner mehr ausreden.

Sie hatten den Bock noch nicht ganz abgenagt, da kam der Rabe auf die Lichtung geflogen und schrie: »Ein Trauerfall, schon wieder ein Trauerfall, Leute. Meine Gattin ist verschieden. Der Fuchs, der elende, der kam vor drei Stunden und brachte meiner Frau, der Rabin, Blumen mit. Lila Heideröslein. Er sprach mit sanfter Stimme und sang mit französischem Zungenschlag ein gar lustiges Liedlein und erbat sich, meine Frau Gattin, die schöne rabenschwarze, küssen zu dürfen. Sie wissen selber, König, wenn einer Blumen bringt und französisch kann – können da die Frauen nein sagen? – Nein. Meine liebe Frau stellte sich also auf ihre Krähenfüße, schloß die Äuglein zum Kusse – und sah nie wieder die liebe Sonne. Er hat ihr den Kopf abgebissen, der Hallodri, und sie dann verspeist. So etwas tut ein feiner Mensch nicht, Herr König. Das ist keine Art.«

»Weiß der Teufel, nein!« knurrte der König, nachdem er eine kleine Weile darüber nachgedacht hatte. Auch die Königin weinte still vor sich hin und dachte: »Es hätte ja sein können. Das hätte ja stimmen können. Hier und da gibt es wirklich noch vergrabene Schätze aus Gold und Silber.«

In diesem Augenblick kam ein Kaninchen angehüpft und erzählte, wie gemein sich dieser Schurke von Fuchs ihm gegenüber schon wieder benommen habe. Er hatte es so gebissen, daß es gar nicht mehr laufen konnte. Die Tiere riefen alle auf einmal: »Das ist doch unglaublich! Gibt es überhaupt keine friedliche Minute mehr in diesem Walde? Haut dem Fuchs das Fell voll, diesem Dreckskerl, daß ihm Hören und Sehen vergeht!«

Da beschlossen die Tiere, gegen den Fuchs einen Krieg zu führen und ihn mit Gewalt aus seinem Fuchsbau herauszuholen. Sogleich wurde alles für den Kampf vorbereitet. Wer schöne Zähne hatte, putzte sie mit Moos und wetzte sie an den Steinen. Die Känguruhs packten Marschverpflegung in ihre Tragetaschen, und die Vögel übten Marschmusik und Kriegslieder.

Da meldete sich wieder der Dachs vom Isenberg zu Wort und sagte: »Wartet, Tiere, wartet noch fünf Stunden. Ich werde ihn holen. Und wenn er dann nicht kommt, dann geht es los; denn mir langt es jetzt auch bald.«
Er lief, so schnell ihn seine Beine trugen, zum Fuchs, und der Fuchs kam auch mit.
Und wieder trat das Gericht zusammen. Die Wildsäue setzten die Perücken aus echtem Roßhaar auf, bestäubten sich mit Blütenstaub, und der König sprach: »Das ist jetzt aber bestimmt das letzte Mal, Herr Fuchs, denn meine Geduld ist nun zu Ende. Los, los, alle auf die Plätze, und dann beginnt das Gericht!«
Da sprang der Wolf mit einem Satz auf die Lichtung, machte eine Verbeugung vor dem König und brüllte: »Ich bring ihn um. Macht es doch kurz, Freunde. Der Fuchs soll mit mir kämpfen. Wenn er gewinnt, ist er frei.«
Damit waren alle einverstanden, denn gegen einen Wolf kann doch keiner gewinnen, dachten sie. Der Wolf lief inzwischen ein paar Runden um die Lichtung und machte dabei kleine Luftsprünge, um gelenkig zu werden. Da rief der König: »Na, nun fangt doch schon endlich an!«
Die beiden Kämpfer stellten sich mit gesenkten Köpfen in der Mitte der Lichtung auf.
Der Kampf wurde sehr spannend, und die Tiere riefen: »Hau den Fuchs, hau ihm die Jacke voll, dem Halunken, daß er die Engel singen hört!« Sie klopften sich vor Vergnügen auf die Schenkel, als sie sahen, wie der Fuchs verlor und bereits am Ohr blutete. Bald lag er auf der Erde, und der Wolf hatte ihm schon den Fuß auf die Brust gesetzt.
Der Bär wollte gerade sagen: »Aus ist der Kampf, der Fuchs hat verloren«, da erhob sich plötzlich der Fuchs noch einmal, und mit letzter Kraft streute er dem Wolf etwas Sand in die Augen, so daß dieser nicht mehr vorn von

hinten unterscheiden konnte. Dann griff er ihn von hinten an, trat ihm mit dem Fuß in die Rückseite und zog ihn mit aller Gewalt an den Ohren. Nun sind die Wölfe aber seit ewigen Zeiten an den Ohren sehr empfindlich, und der alte Wolf wurde immer nervöser. Er schlug mit den Fäusten in der Luft herum, drehte sich ständig im Kreise, und der Fuchs boxte ihn dabei dauernd auf das Kinn.
Der Fuchs wurde Sieger. Den Wolf trugen sie zum Tierarzt.
Da flocht die Frau König dem Fuchs ein Kränzlein aus Lorbeerblättern, legte es ihm auf den Kopf, denn sie dachte: »Vielleicht weiß er *doch* einen Schatz. Und eines Tages wird er ihn mir verraten.«
Auch der König dachte: »Ein Schweinehund ist er ja. Aber schlau. Der kann mir noch nützen.« Und er machte ihn zu seinem Ratgeber und Minister.
Die Tiere dachten: »Ein gefährlicher Lump und Ganove und hinterlistig wie ein Fuchs. Aber Minister, aber Minister...« Und keiner hat es je wieder gewagt, ihn beim König anzuschwärzen. Wenn er nicht gestorben ist, dann ist es heute noch so.

Die Zaubermuscheln, das Meer und die Fische und das Seepferdrennen

Der Frühling kam ins Land, die Stare kehrten aus Afrika zurück und zwitscherten von der Sonne dort, vom großen Meer und schönen Landschaften, die sie von oben gesehen hatten. Von Abenteuern und fremden Ländern.
Der alte Popov saß auf der Bank vor seinem alten, weißen Haus. Und wenn die Vögel so zwitscherten, wäre er auch gern verreist. Über die Wälder fliegen in Länder hinter den Wäldern. Über Berge und Flüsse. Ans Meer.
Dann geschah es auch noch, daß ein fremdländischer Mann mit schwarzen Haaren und einem Eselkarren vorbeikam.
»Kämme! Kaufen Sie Kämme, Herr, oder Knöpfe! Kaufen Sie Strumpfbänder, Hosenträger, Büstenhalter für die Gattin, Zwirn zum Nähen oder ein scheenes Taschenmesser fier das Brot. Kaufen Sie!«
Ein Handelsmann! Über dem Eselskarren hatte er eine Plane, unter der Plane sein Strohlager, auf dem er schlief, wenn er in den Regen kam. Am Wagen hingen Töpfe, in denen er sein Essen kochte, wenn er sich abends Feuer anmachte.
Eine Angel, mit der er Fische fing. Ein Sack mit Heu hing an der Rückseite, für den Esel das Futter. Und was unter der Plane war, war geheimnisvoll.
Der fremdländische Mann hatte ein buntes Hemd und ein Halstuch, trug eine Hose mit Nieten dran und Stiefel. Er hatte eine Uhr. Die Leute in Margarinien trugen keine Uhren, sie brauchten keine Uhren, denn wofür? Wie spät es ist, konnten sie am Himmel erkennen, und was nützt es einem zu wissen, wie spät es ist?
»Gipsi-Figuri vielleicht oder kleine Bilder?« fragte der Mann. »Oder kleine Trillerpfeife fier Kinder. Haarspan-

gen, Haarnadeln, Haarpomade vielleicht oder bissel Farbe fier den scheenen Schnurrbart, wenn Sie wünschen, Herr?«
Das alles brauchte Popov nicht. Aber was unter der Plane war, das war geheimnisvoll.
Der fremde Mann zog durch das Land und verkaufte seine Wunderdinge auf den Märkten. Er hatte sich wohl verirrt und war vom Weg abgekommen? Ein Zufall wohl, aber ein guter Zufall. Denn was unter der Plane war, das war geheimnisvoll. Alte Männer wie Popov, die fliegen können, interessieren sich sehr für das Geheimnisvolle.
»Haben Sie noch etwas anderes?« fragte er den Handelsmann.
»Was anderes? Aber ja, ich habe viel anderes. Ich habe alles anderes. Ich habe alles, alles, alles, was das Herz begehrt.«
»Zum Beispiel auch etwas Wunderbares?«
»Wunderbares, alles, alles. Habe gegen Mäuse Mausefallen. Gegen Fliegen Fliegenfallen. Habe was gegen Zipperlein und schlechtes Wetter.«
»Ich meine«, sagte der alte Popov, »etwas vom Meer. Weil ich nämlich – das Meer. Habe noch nie das Meer gesehen ...«
»Wunderbar, wunderbar«, sagte der fremde Mann. »Meer mehr wie genug. Beispielsweise habe hier Muscheln. Wunderbar wunderbare Muscheln. Der Herr steckt sich Muscheln in die Ohren und kann schon verstehen, was Fische sprechen. Is gut?«
Wunderbar, wunderbar, denn Fische hatte Popov noch nie verstehen können, weil er noch keine getroffen hatte.
»Kauf ich, gekauft«, sagte Popov und kaufte zwei kleine Muscheln.
»Wunderbar ewig haltbar«, sagte der Mann, »Garantie auf fünfundzwanzig Jahre. So in die Ohren stecken.«

Der Fremde fuhr weiter, hatte das Geld eingesteckt, hatte sich gefreut, und der alte Popov steckte die kleinen Muscheln in die Ohren. Aber wo keine Fische sind, können Fische nicht sprechen, und wo sie nicht sprechen, kann ein alter Mann sie auch nicht verstehen.
Er mußte verreisen.
Er ging ins Haus, packte seine Siebenwandersachen in ein Tuch, also ein Taschenmesser und ein Stück Bindfaden, eine Gabel, Streichhölzer, eine Kerze und ein weißes Tuch, das man auf die Erde legen kann, wenn man essen will. Und Sonnenblumenkerne. Das alles legte er sich über die Schulter und knotete es mit einem Spagat an seinem Arm fest. Dann verschloß er die Tür, ließ das Fenster einen Spalt offen, damit der Kleiber, sein Vogel, ein- und ausfliegen konnte, die Schmetterlinge freien Einflug hatten, und er ließ die Stalltür einen Spalt offen, damit die wilden Hasen, die bei ihm wohnten, hinein und heraus konnten. Dann kletterte er aufs Dach, zog sich die Schuhe aus, knotete sie mit einem Spagat an seine Schulter und machte sich auf den Weg. Er stieß sich ab, legte die Ellenbogen an, hatte die Ohren von innnen verklemmt und mit den Augen geflakkert und flog über die Bäume. Flog höher hinauf, breitete seine Flügel - pardon! Arme aus und segelte ruhig und wunderbar schön über das Land. Er konnte unten die Wälder und Flüsse sehen, hatte die großen Wälder Margariniens bald hinter sich, und die Wälder unter ihm wurden kleiner. Laubbäume und niedriges Gehölz – er war in einem fremden Land. Palmen.
Taten ihm die Flügel – pardon! Arme weh, legte er sich auf den Wind und ließ sich tragen. Segeln!
Und dann war da das Meer.
Zuerst in der Ferne groß, blau, ohne Ende, und es glitzerte wie Millionen kleine Fische.

»Fische«, dachte er, »Fische.«
Aber das stimmte nicht, denn das war nur die Sonne. Sie tanzte auf den Wellen.
Als er das Meer erreichte, war es durchsichtig bis auf den Grund. Er sah die Pflanzen im Wasser tanzen, sah hundert und tausend Fische zwischen den Pflanzen sich tummeln. Schön war das.
Er zog sein Hemd aus und seine Hose, legte sein Bündel mit seinen sieben Wandersachen neben die Schuhe und stieg ins Wasser. Alte Männer, die fliegen können, können unter Wasser so herumgehen wie oben auf der Erde. Es reichte ihm bis zum Bauch, bis zum Hals, bis zur Nase, bis über die Augen, über den Kopf, und je tiefer er ging, umso stiller wurde es.
Die Fische schwammen um ihn herum, doch sie sagten nichts. Aber sie bewegten den Mund, also mußten sie auch etwas sagen. Oder sollte der Mann ihn betrogen ...
Die Muscheln! Er hatte vergessen, sich die Muscheln in die Ohren zu klemmen. Eine rechts, eine links, aber da war immer noch nichts. Zauberei erfordert Genauigkeit, vielleicht waren sie falsch ...
Er tauschte sie um, die linke nach rechts und die rechte ins linke Ohr – und das war schön. Mit einmal hörte er wunderbare Gesänge.
Die Fische sangen, und als er dem Gesang nachging, sah er einen Fischchor. Einen ganzen Schwarm Fische, die sangen. Er schwamm vorsichtig näher, um sie nicht zu verjagen.
»Uuuuuuu auuuuu auuu o aaaaa ...«
»Schön, nicht?« sagte einer neben ihm, so ein alter Barsch. »Sehr schön, nicht?« sagte der Barsch. »Ich liebe den Sardinengesang sehr, er erinnert mich an meine Heimat. Sardinien. Komme von da. Weiter Weg. Und Sie?«

MARIA

»Margarinien«, sagte der alte Popov.
»Oh«, sagte der Barsch. »Sicherlich auch schön, nicht? Ich liebe alles, was mit -inien aufhört. Sie sind auch Fisch?«
»Nein, eher Vogel«, sagte der alte Popov. »Kann etwas fliegen.«
»Ooo Fliegen!« sagte der Barsch. »Fliegen, ich liebe Fliegen. Sie schmecken wie Rosinen und sehen auch so aus, nicht?«
»Nein, ich meine Vögel. Flattern ...«
»Oooo Vögel«, sagte der Barsch. »Flattern. Ja, Flattern ist Fliegen. Ich liebe Fliegen, denn sie schmecken ja vortrefflich, nicht?«
Man kann mit einem Fisch nicht übers Fliegen reden, dachte der alte Popov. Reden wir von etwas anderem.
»Sie kennen sich hier aus?« fragte er den Barsch.
»Oooo ja. Kenne mich aus. Interessant für einen anderen, nicht? Sehen Sie, heute Abend beispielsweise ist ein Pferderennen. Lieben Sie Pferderennen? Pferderennen ist schön, nicht?«
»Was für ein Pferderennen?« fragte der alte Popov, denn womöglich war der Barsch hier ein Aufschneider, ein Lügenbaron.
»Seepferdchen. Sie kennen Seepferde? Findet heute in der Kieselsteinbucht statt. Kenne mich gut aus. Morgen beispielsweise ist eine große Heringsversammlung. Bismarck wird gewählt, ich meine, der Bismarckhering wird gewählt in geheimer Wahl. Soll Präsident werden. Ist doch auch interessant, nicht?«
Seepferderennen interessierte den alten Popov sehr, und er verabredete sich hier mit dem alten Barsch in drei Stunden, wenn das Rennen anfangen würde.
»Ich bringe Ihnen Fliegen mit.«
»Oooo Fliegen! Ich liebe Fliegen. Aber das ist ja auch

wirklich etwas Gutes, nicht ... also, bis nachher.« Sagte das und verschwand hinter einem Felsen.
Der alte Popov ging zurück und setzte sich in den Sand.
Etwas wärmen, sich die Sonne auf die Füße scheinen lassen. Ein paar Sonnenblumenkerne zwischen die Zähne nehmen. Etwas denken. Warten, sich freuen auf das Seepferderennen. Die Muscheln putzen. Einen kleinen Flug über die Umgebung machen und Fliegen fangen für seinen Freund, den Barsch.
Zwanzig Fliegen gefangen.
Zurück, sich hinsetzen. Drei Stunden ungefähr genau vorbei, und die Sonne geht unter.
Da ging der alte Popov wieder ins Wasser, steckte die Wundermuscheln in die Ohren, hielt die Fliegen in der Faust und schwamm zu dem Felsen, wo er mit dem Barsch verabredet war.
Der alte Barsch war schon da.
»Danke, danke, o vielen Dank!« sagte er und verschlang alle zwanzig Fliegen auf einmal. »Kommen Sie, kommen Sie!«
Sie schwammen um einen Algenfelsen herum und kamen auf einen freien Platz. Unten glatter Sand, keine Pflanzen, keine Steine, über die jemand hätte stolpern können.
Die Vorbereitungen waren in vollem Gang. Flossenfische fegten mit ihren Flossen die Rennbahn. Krebse ordneten die Zuschauer. Wer nicht auf seinem Platz blieb, wurde gebissen.
»Kommen Sie, kommen Sie!« rief der Barsch und schwamm auf die rechte Seite, wo die Fische und Schwimmtiere waren. Links waren die Unterwasserkriecher, Unterwasserschnecken, Sandmuscheln und die Grabewürmer.
Ein dünner Seeaal hatte eine Muschel umgehängt,

schwamm an den Zuschauern vorbei: »Erfrischungen! Kleine Erfrischungen gefällig? Speis und Trank ...«
Als Speise verkaufte er getrocknete Mücken, vom Wasser wieder aufgeweicht, und kleine Landwürmer und Käfer. Als Getränke bot er Wasser an. Meerwasser.
Die Seepferde waren bereits gesattelt und standen vorn am Start. Sie scharrten mit den Ringelschwänzen im Sand, konnten das Rennen kaum noch abwarten. Der Rennmeister mußte mal hier und mal da eines an den Zügeln ergreifen und zurückzerren. Der Rennmeister war ein mittelgroßer Taschenkrebs. Unter den Wassertieren eines der kräftigsten.
Die Jockeis, kleine Muschelschnecken, hatten sich schon auf den Seepferden gemütlich eingerichtet. Hatten sich auf ihren Rücken festgeklammert. Manche Seepferde versuchten, sie abzuwerfen.
Aber wo so eine Schneckenmuschel mal fest sitzt, bringt keine Kanone sie wieder weg.
»Auf die Plätze!« rief der Taschenkrebs-Rennmeister, »aber noch nicht los.«
Die Spannung unter den Zuschauern und den Seepferden war sehr groß.
»Aufregend, nicht?« sagte der Barsch. »Ich liebe die Aufregung. Und Sie?«
Der Rennmeister ging noch einmal an den Rennpferden vorbei, zählte sie, fütterte das eine oder andere noch mit etwas Seegras, klopfte diesem oder jenem etwas am Hals. Trennte zwei, die sich mit den Ringelschwänzen verhakt hatten, und stellte sich dann wieder an seinen Platz.
»Auf die Plätze ... und aufgepaßt! Hier noch einige Hinweise. Das Rennen verläuft – wie üblich – rückwärts. Von hinten nach vorn, mit dem hinteren Teil des Pferdes also nach vorn, das ist so wie nach hinten, das heißt, die

Richtung der Nase ist also nach vorn. Also, alles verläuft normal. Das ist die Regel Numero eins.«
»Bravo, bravo«, riefen einige Fische aus der hinteren Reihe.
»Regel Numero zwei! Sieger ist – wieder wie üblich –, wer als letzter ankommt, von hinten gerechnet. Also, der letzte von hinten ist der erste von vorn, es gewinnt also, wer zuerst ankommt. Geehrt wird aber, wer verliert. Also hat der gewonnen, welcher zuletzt ankommt. Von hinten gesehen natürlich. Von vorne gesehen – jetzt versteh ich's selber nicht. Los!«
Er hatte plötzlich das Zeichen gegeben, die Seepferde rasten los – aber was heißt da rasen? Seepferde sind nicht besonders schnell zu Fuß, und das Rennen dauerte zwei Stunden über zwei Meter fünfzig.
»Bravo, bravo«, riefen die Fische, »langsamer, langsamer. Ruht euch aus, Pferde ...«
Der Sieger war leicht zu ermitteln, denn da war ein bequemliches, dickes Seepferd, das arbeitete sich immer weiter zurück, an die letzte Stelle, und so langsam die anderen auch liefen, sie holten es nicht ein.
»Schön, nicht?« sagte der Barsch. »Ich liebe ja das Rennen. Ist meine Leidenschaft. Mosi gewinnt, wetten?«
»Wetten!« sagte der alte Popov. Er wußte nicht, wer Mosi war, aber Wetten macht beim Rennen Spaß.
»Acht Fliegen?« fragte der Barsch.
»Acht Fliegen.«
Acht Fliegen sind für einen mittelgroßen Fisch ein hoher Einsatz, denn Fliegen sind unter Wasser so teuer wie Gold.
»Mosi—— Mo–si —— Mooo——si.«
Da war ein kleineres Rennpferd, das sich an das dicke heranarbeitete, indem es durch kleine Drehungen immer mehr an Geschwindigkeit verlor und bereits vorletztes war.

»Erhöhe meinen Einsatz auf zweihundert Fliegen und dreihundert Wasserflöhe«, rief der Barsch.
Die Wettleidenschaft hatte sich seiner Sinne bemächtigt, er wußte nicht mehr, was er tat. So viele Fliegen fing er in einem ganzen Jahr nicht.
»Machen Sie mit«, flüsterte ein Kabeljau dem alten Popov ins Ohr, »Mosi kann gar nicht gewinnen. Zu jung, wissen Sie. Wer jung ist, ist flink, und wer flink ist, ist nicht langsam genug. Kann gar nicht letzter werden ...«
»Gemacht«, sagte Popov. Und Mosi gewann nicht, wurde zweitletzter. Letzter und damit Sieger blieb das dickliche mittelgroße Seepferd mit dreizehn Schwanzlängen hinter Mosi.
»Willi, bravo Willi, braaa...vo ...«
»Sieger nach Punkten im heutigen Rennen bleibt das Seepferd Willi, vierhundert Jahre alt, unbeweglich wie ein Hufnagel«, rief der Taschenkrebs und überreichte der Klammermuschel auf dem Rücken des faulen Seepferdes eine Muschel.
Das Siegerabzeichen im Seepferdrennen.
»Gewo...«
Gewonnen wollte Popov sagen und drehte sich zum Barsch hin. Der Barsch war weg, war verschwunden, hatte sich mit einem schnellen Schwanzschlag davongeschnellt. Keine feine Art, nicht ehrlich. Das gibt es unter Vögeln nicht, dachte der alte Popov. Ließ sich zurücktreiben vom Wasser. Kletterte hinaus an den Strand, schlief bis zum nächsten Morgen und flog dann wieder zurück nach Haus.

Hosentaschenabzählreime

Meister Meister
Wo ist Kleister?
Im Gebüsch
Hase Plüsch
In dem Topf
Dummer Tropf
In der Pfanne
Liebe Hanne
Topf und Pfanne
Meister Kleister
Katzendreck
Du bist weg

Hokuspokus Kokusnuß
Hexenzwirn und Löwenfuß
Eulenschwanz und Nudelmann
Du bist dran

Das Lumpengesindel

Die kleine Henne sagte zum kleinen Hahn: »Steh auf, heute ist ein schöner Tag! Setz deinen Hut auf und zieh dir die Stiefel an, wir wollen auf den Markt gehen und uns Nüsse kaufen, bevor sie schon wieder teurer werden!«
»Ist gut«, sagte der kleine Hahn, setzte seinen englischen Hut auf mit der Feder darauf, zog seine Stiefel mit den Sporen daran, und die kleine Henne zog ihr schönes Kleid an. Dann gingen sie los. Die Straßenbahn hatte schon wieder Verspätung, dann war sie auch noch überfüllt.
»Steigen Sie bitte hinten ein, vorne nur noch Wochenkarten! Gehen Sie in die Mitte durch! Lassen Sie doch die anderen Herrschaften auch herein!« rief der Schaffner.
Und Hunde mitbringen war verboten! Rauchen war verboten! In den Wagen spucken war verboten! Während der Fahrt abspringen war verboten! Alles war verboten!
»Wenn ein Tag schon so anfängt«, sagte der kleine Hahn, »hab ich gleich schlechte Laune.«
Und er drängte sich zwischen die Leute, mußte stehen. Die kleine Henne stand sogar nur auf einem Bein. Aber der kleine Hahn fing an, unauffällig und raffiniert eine alte Ente mit seinem Schwanz unter dem Flügel zu kitzeln, bis sie es nicht mehr aushalten konnte vor Lachen und bei der Haltestelle Fasanengarten ausstieg.
Der Schaffner rief: »Wer ist noch zugestiegen? Bitte, die Fahrkarten!«
Der kleine Hahn aber und die kleine Henne guckten zum Fenster hinaus, als hätten sie nichts gehört, und der Schaffner vergaß zu kassieren.
So ein Lumpengesindel.
Auf dem Markt kauften sie sich zwei Tüten, eine mit Hasel-

urken

und eine mit Strohnüssen, und während sich die kleine Henne mit der Marktfrau zankte, klaute der kleine Hahn einen Hut voll Wallnüsse.
So ein Lumpengesindel.
Die Sonne schien schön, und die Luft war gut, die beiden setzten sich unter den Vogelbrunnen, aßen ihre Nüsse und spuckten die Schalen auf die Erde. Der Tag verging ihnen, ehe sie es sich versahen. Und weil dort ein alter Mann saß, der eine Flasche Bier hatte, blieben sie bis zum Abend; denn immer wenn er für eine Weile eingenickt war, soff das Lumpengesindel ihm die Hälfte von seinem Bier weg. So kam es, daß sie ein bißchen betrunken waren, als die Marktfrauen ihre Buden zusammenpackten und nach Hause gingen.
»Weißt du was«, sagte die kleine Henne, »trag mich ein Stückl, du bist doch mein Mann!«
»Dumm werd' ich sein«, sagte der kleine Hahn. »Ich–dich–tragen! Trag du mich doch, ich bin der Vater und der Herr im Stall.«
Und wie sie sich so herumzankten, hin- und herschwankten, kam eine alte Ente, die auf dem Markt Abfallgemüse gesammelt hatte, und sagte, weil sie nicht allein das Taxi zahlen wollte: »Streitet euch da herum, ihr Dummköpfe, und bewegt euch unnötig und werdet davon müde. Schlaft hier ein, holt euch einen Schnupfen, kommt die Polizei, nimmt euch mit, sperrt euch ein wegen öffentlichen Herumstreunens, und ihr zahlt obendrein Strafe und habt außerdem noch die Schande auf den Federn. Schnatt schnatt. Laßt uns lieber derweil zusammenlegen und eine Taxe nehmen, die kost' nicht mehr als dreidreißig. Ich wohne am Schittberg 11, wo wohnt denn ihr?«
Die beiden wohnten am Lattenzaun 432, also in derselben Gegend, nur eine Straße mehr nach links. Just als die drei in

die Taxe steigen wollten, kam von der anderen Seite ein Liebespaar, eine Stopfnadel und eine Stecknadel, und wollten in dieselbe Taxe. Jeder versuchte, den anderen vom Trittbrett zu stoßen.

Als die kleine Henne der Stopfnadel in den Hintern treten wollte, trat sie daneben, weil die Stopfnadel so mager war. Und an der Stecknadel stach sich die kleine Henne. Da sagte sie: »Wir wollen anständig sein und die beiden mitnehmen, meine ich. Dafür kostet das auch für jeden weniger, weil sie etwas mehr bezahlen müssen. Dafür dürfen sie ja schließlich mit uns fahren, nicht wahr?«

In der Taxe setzten sich die kleine Henne und der kleine Hahn so breitbeinig hin, als wären sie Grafen oder wollten hier Eier ausbrüten, so daß die arme alte Ente und die arme Stecknadel und auch die arme Stopfnadel beinahe erstickt wären. So ein Lumpengesindel.

Als sie ein Stück gefahren und am Lattenzaun Nummer 374 schon vorbei waren, packte der kleine Hahn schnell die Stopfnadel und steckte sie von hinten in die Sitzlehne des Schofförs.

Die kleine Henne griff sich die Stecknadel und heftete damit den Taxifahrer mit seiner Jacke an den Sitz.

Beim Lattenzaun Nummer 452 sagte der kleine Hahn: »Schnell, halten Sie an, meine Frau muß kotzen.«

Und der Taxifahrer, der wohl um seine Fußmatten fürchtete, hielt schnell an. Die kleine Henne flatterte aus dem Taxi, der kleine Hahn sofort hinterher, und sie flogen über den Lattenzaun und verschwanden im Dunkeln. Der Taxifahrer sprang auf. Da zerriß er sich die Jacke, denn er war mit der Stecknadel festgesteckt.

Er rannte hinter ihnen her, lief noch zwanzig Meter am Zaun entlang, kam aber nicht hinüber und erwischte sie nicht.

In seiner Wut sprang er wieder zurück in sein Auto und stach sich an der Stopfnadel in den Hintern.
Da wollte er sich wenigstens die Ente greifen und vielleicht am Sonntag braten, mit Kartoffelklößen und Blaukraut, und das Wasser lief ihm schon im Mund zusammen, dachte er bloß daran – da war die Ente auch weg. Abgehauen, als sie sah, was geschah!
»Lumpengesindel verfluchtes«, schimpfte der Taxifahrer, und er schwor sich, nie wieder Leute zu befördern, die sich schon beim Einsteigen schlecht benehmen, und wenn sie zehn Paar lackierte Stiefel mit Sporen aus Gold anhätten und hundert englische Hüte auf dem Kopf. Und schon gar nicht solche, die nach Bier stinken.

Bärenzirkus Zampano

Einmal kam ein alter, roter Lastwagen über den Hügel gefahren. Fuhr auf der Landstraße, fuhr über den Hügel und kam in unser Dorf. Ein Mann stieg aus. Trug eine Gala-Uniform wie ein Löwenbändiger, hob die Plane vom Lastwagen, und auf dem Lastwagen war ein Käfig. In dem Käfig war ein Bär. Der Mann hängte ein Schild an den Käfig, darauf stand: *Bärenzirkus Zampano.*
Und dann rief er: »Morgen, meine Herrschaften, findet eine Vorstellung statt, weil der Bär Kunststücke vorführen wird und tanzen kann. Ich werde ihn besiegen. Eintritt einsfünfzig auf allen Plätzen. Der starke Zampano bin ich.«
Am nächsten Tag hatte er eine Kiste aufgestellt, das war die Kasse. Er hatte einen Kreis in den Sand gezeichnet, das war die Manege. Dann holte er den Bären aus dem Käfig und führte ihn an einem Strick in den Kreis.
Er kommandierte: »Zuerst verbeuge dich vor den Herrschaften und vor mir! Na los!« Und drückte dem Bären den Kopf mit der Peitsche nach unten, der Bär wehrte sich nicht.
Wir dachten: »Der Mann muß aber sehr stark sein, wenn der Bär ihm gehorcht.«
Dann mußte der Bär über eine Tonne springen. Der Mann warf die Peitsche weg, und der Bär mußte sie holen. Er mußte Handstand machen und doppelten Salto vorwärts und rückwärts. Er mußte auf der Tonne rollen wie ein Akrobat. Und der Bär tat es, ohne sich zu wehren. Dann ließ er ihn auf der Wiese marschieren und eine Trommel schlagen. Wie ein Hanswurst. Er mußte auf einem hochgefährlichen Seil balancieren, und als der Mann auf einer Klarinette spielte, mußte der Bär tanzen. Aus dem Kreis

hinaus und auf dem Feld. Und dann mußte er sich wieder verbeugen, der Mann stellte ihm den Fuß mit dem Stiefel auf den Kopf und rief: »Besiegt! Ich habe den Bären besiegt.«
Wir dachten schon: »Der Mann muß wohl sehr, sehr stark sein, weil der Bär sich nicht wehrt.«
Aber dann geschah etwas! Eine Fliege kam geflogen und wollte den Bären kitzeln. Der Bär wollte sie verjagen, wollte die Pfote heben, da zerrte der dicke Zampano am Seil und schrie: »Nein! Halt! Du bewegst dich nicht, hast du verstanden?« Aber der Bär bewegte sich doch. Er schlug mit der Pfote nach der Fliege, das Seil ruckte, und der dicke Zampano flog quer durch die Luft. Und als die Kitzelfliege dem Bären um die Nase kreiste, jagte der Bär im Kreis hinter ihr her, und der Mann an dem Seil flog im Kreis durch die Luft.
Wir dachten: »Er könnte das Seil doch loslassen.« Aber das war genau falsch, denn als es riß, flog er noch höher hinauf. Kreiste oben in der Luft herum, flog über unser Dorf und verschwand dann in der Ferne.
Der Bär jagte noch eine Weile die Fliege, und dann ging er weg. Ging über die Wiesen und verschwand im Wald.
Der Mann kam nicht wieder. Manchmal flog er noch über unserem Dorf vorbei, und tut es heute noch. Der rote Lastwagen ist mit der Zeit verrostet, aus dem Käfig haben wir einen Hühnerstall gemacht, und was aus dem Bären wurde, wissen wir auch nicht ganz genau.
Ein alter Mann, der hinter dem Wald wohnt und einmal in unser Dorf kam, erzählte von einem besonders großen und starken Bären, der dort, wo der Wald am tiefsten ist, leben soll, sich die Sonne auf die Pfoten scheinen läßt – aber man geht im besser aus dem Weg.
Manchmal kommen Fremde in unsere Gegend und fragen,

was das für ein seltsamer Mann sei, der da oben am Himmel über unserem Dorf herumfliegt. Dann erzählen wir ihnen die Geschichte vom dicken Zampano, der dachte, wer sich nicht wehrt, ist schwach. Der dachte, er könne einen Bären besiegen und mit einem roten Lastwagen durch das Land fahren. Und Zirkus machen.
Die Geschichte ist wahr.

Der Musikant in der Luft

Als Hansel Pfefferle noch nicht in die Schule ging, erlebte er ungeheuerlich schöne Zaubergeschichten.
Einmal kam ein Straßenmusikant auf den Hof. So ein alter Mann, wie es sie früher gab, die auf den Hof kamen und Musik machten, einen Leierkasten drehten oder auf einer Ziehharmonika spielten, dabei einen mit Glocken verzierten Hut auf dem Kopf hatten und damit wackelten, mit dem Fuß auch noch eine Pauke bedienten und möglicherweise noch einen kleinen Affen dabei hatten, der Faxen machte. Dafür gaben ihnen die Leute Geld, von dem Geld kauften sich die Musikanten etwas zu essen, das war ihre Arbeit. Über solche Männer wußte man meistens nichts. Man wußte nicht, wo sie wohnten, wo sie herkamen, wo sie hingingen, wer sie waren. Ob sie überhaupt hier auf dieser Welt lebten. Denn es waren manchmal traurige, alte Männer dabei, die eine Geige aus der Tasche zogen, schlecht und recht ein Lied fiedelten. Sie hatten abgetragene, alte Anzüge an mit ausgebeulten Taschen und waren vom Hunger mager, hatten einen verbeulten Hut auf dem Kopf, sammelten das wenige Geld damit; manche Leute warfen ihnen Brot herunter.
Dann gingen sie.

Und genau so ein alter Mann kam einmal auf den Hof, wo Hansel Pfefferle wohnte. Er war nicht rasiert, hatte einen weißen Schnurrbart, den Hut, einen verknitterten Anzug, ausgebeulte Taschen, ein lumpiges Hemd ohne Kragen, und er hatte keine Strümpfe an. Hatte zwei verschiedene Schuhe, die mit Bindfaden verschnürt waren.
Er kam dort draußen von der Straße, an der Wand entlang und in den Hof.
Der Hansel Pfefferle war im Hof. Heute war wieder so ein verzauberter Tag, wo die Spinnweben in der Luft herumflogen und in den Haaren hängenblieben. Die Erde war etwas feucht, denn es war noch früh. Die Kinder waren schon in der Schule, die Väter waren zur Arbeit, und die Mütter hatten die Betten und die Sonntagsanzüge zum Lüften aus den Fenstern gehängt. Zwei Frauen sangen in den Wohnungen mit dem Radio um die Wette, aber jede ein anderes Lied. Die eine trillerte eine Operette und die andere sang einen Schlager.
Ungefähr neun Uhr.
Der Musikant ging am Hansel Pfefferle vorbei. Der saß am Zaun und träumte von Pferden und von der Prärie.
Der alte Mann nahm aus der Jackentasche eine Fiedel, die er aus einem sauberen Taschentuch vorsichtig auswickelte. Er hat sie gestreichelt, holte dann aus dem Ärmel einen Geigenbogen und zog ihn über ein Stück Kolophonium. Er nahm aber nicht seinen Hut ab und stellte ihn nicht auf die Erde, damit ihm einer Geld hineinwerfen könnte. Er guckte nur etwas auf der Erde herum, suchte Kippen von Zigaretten und fand eine, die er in die Jackentasche steckte. Er wischte sich mit dem Taschentuch über den weißen Schnurrbart und fing leise an zu fiedeln.
Der Hansel Pfefferle war ein Junge, der verstand Geheimschriften. Er konnte beispielsweise hinten an der Haus-

mauer eine Geheimschrift hinkritzeln mit Kreide, und dann wurde eine tolle Geschichte daraus.
Oder er konnte sich ins Gras legen und ganz klein werden und mit den Ameisen spazierenlaufen. Konnte auf Mäusen reiten und wie ein Cowboy gegen andere Mäuse kämpfen. Als ob es wirklich so wäre.
Und da sah er etwas. Ganz genau und keine Täuschung war möglich. Er sah, wie der alte Mann auf der Geige fiedelte und wie er dann anfing über der Erde zu schweben. Er fiedelte etwas schneller, und je schneller er spielte, um so höher schwebte er. In Mausehöhe, dann Katzenhöhe, dann Menschenkopfhöhe, dann zum ersten Stockwerk hinauf, fiedelte, fiedelte und schwebte über dem Dach. Schwebte neben dem Schornstein, fiedelte, fiedelte und verschwand hinten am Himmel. Immer kleiner, weg.
Das ist wahr, denn die Musik hat den Hansel so fiedelig im Ohr gekitzelt, daß er sie nie vergaß.

Hosentaschenabzählreime

Kläre kläre
Wenn was wäre
Wäre was
Kläre das

Ene mene Schnickschnack
Opa geht im Zickzack
Schnaps gesoffen
Hund getroffen
Schwanz gezogen
Weg

Eins zwei drei Herr Poliziste
Eine alte Seifenkiste
Hundert Sachen Affenzahn
Affenkiste Seifenzahn
Drei Mark Strafe Schweinerei
Ich-bin-frei

Die Geschichte von Antek Pistole, ein Räuberroman aus Margarinien

Vor mehr als siebzig Jahren lebte in dem Land Margarinien in einem Dorf hinter den Wäldern ein Besenbinder mit Namen Antek Pistole. Der war ein Besenbinder. Ein einfacher, ehrlicher Mensch, der Zeit seines Lebens noch keiner Fliege ein Bein ausgerissen hatte und nie jemandem etwas zu Leide tat. Dabei war er wie die meisten Leute in Margarinien stark wie ein Bär. Was man von außen nicht sehen konnte. Er verrichtete sauber und anständig, Tag für Tag, seine Arbeit, und die Besen, die er machte, hielten beinah ewig.

Manchmal hänselten ihn die Bier- und Schnapstrinker in dem Wirtshaus: »Mensch, Antek! Da heißt einer so schön Pistole, und was ist er? Bloß ein Be-sen-binder, hahaha, ist doch zum Lachen, was? Wenn nämlich einer Semmel heißt, muß er Bäcker werden. Und wenn er Zieharmonika heißt, Kapellmeister, und wenn er Karpfen heißt, dann Angler, ist doch ganz einfach ....«

Der Antek Pistole ließ sie reden; denn im Wirtshaus wird viel dummes Zeug geredet. Bier und Schnaps machen nicht schlau, sondern dumm. Außerdem war er ein friedlicher Mensch, ihn konnte nichts auf der Welt in Wut bringen, dem konnte einer sagen, was er wollte.

»Ich ein Räuber werden«, dachte er, »wozu das?«

Und in der Tat, wozu das? Sein Vater hieß schon Antek Pistole und war deswegen auch kein Räuber gewesen. Und sein Vater hieß auch Antek Pistole und war auch kein Räuber gewesen. Und dessen Vater hieß auch Antek Pistole, war auch kein Räuber gewesen. Und sein Vater hieß ja auch Antek Pistole, war auch kein Räuber gewesen, denn für was? Sein Vater hatte auch schon Antek Pistole

geheißen, war auch kein Räuber gewesen. Bloß wegen eines Namens? Sein Vater hieß auch schon Antek Pistole, war auch kein Räuber, und sein Vater hieß auch Antek Pistole und seiner auch. Keiner war ein Räuber gewesen.
Antek Pistole machte jeden Tag seine fünf Besen, verkaufte sie, kaufte sich für das Geld Brot, etwas Speck und eine Flasche Bier, das gab ihm Kraft für den nächsten Tag. Da machte er wieder seine fünf Besen, verkaufte sie, und von dem Geld kaufte er sich – und das hätte so weitergehen können. Seine Besen waren von guter Qualität, hielten fast ewig, denn er hatte das Besenbinden von seinem Vater gelernt, und der hat es auch von seinem Vater gelernt, der auch von seinem Vater und der hat es auch von seinem Vater gelernt, und der hat es auch von seinem Vater gelernt, denn der hat es auch von seinem Vater gelernt, der es auch von seinem Vater gelernt hat. Der hat es auch von seinem Vater gelernt, und der auch. Und der auch und der auch. Und der auch von seinem Vater – jeder hat es von seinem Vater gelernt. Und dann kann man's auch gut. Wenn nicht – und jetzt fängt ein kolossaler Roman an:
In dem Dorf nämlich hinter den Wäldern in Margarinien lebten damals nur 311 Leute. Und du kannst dir ausrechnen, wie lange es dauerte, da hatte jeder einen Besen. Der Mensch braucht einen Besen in seinem Leben, wenn er so lange hält, und dann ist aus. Und Anteks Besen hielten so lange. Dazu muß man sagen, daß die Leute in dem Dorf auch noch besonders vorsichtig fegten; denn sie waren sparsam und nicht sehr sauber, also fegten sie auch bloß einmal in der Woche. War das ein Wunder, wenn die Mutter den Besen immer noch an ihren jüngsten Sohn vererbte, und der an seine Tochter? Und die an ihren jüngsten Sohn, und der an seine Tochter, und die an ihren Sohn und der an seinen Sohn, wenn er keine Tochter hatte,

Vor mehr als 70 Jahren lebte in dem Land Margarinien ein Mann mit Namen Antek Pistole. Er war ein Besen=binder.

aber die wieder an ihren Sohn, weil einmal hat dann doch wieder jeder einen Sohn, und der an seine Tochter …

Aber wozu lange reden: Einmal kam der Tag, da hatte jeder einen Besen.

»Man muß den Leuten eine große Auswahl anbieten«, sagte Antek Pistole, »Besen von verschiedenen Sorten.« Und er machte feine Besen aus dünnem Reisig für die feinen Leute – und dann natürlich noch die groben Besen für die einfachen Menschen. Die einen für den Dreck zum Rausfegen und die anderen, damit die feinen Leute die Brotkrümelchen und Kuchenreste aus der Stube wedeln konnten. Aber es gab keine feinen Leute in dem Dorf, und er verkaufte keinen einzigen feinen Besen.

»Als Sonntagsbesen, Leute, kauft euch doch einen Besen für den Sonntag!« rief er, wenn er mit einem Bündel Besen die Runde machte, sie verkaufen wollte. Einen hat er verkauft. An den Pfarrer. Weil seine Köchin gestorben war und jetzt eine jüngere kam. Der Lehrer hätte beinahe einen gekauft, aber einen Lehrer gab es nicht. Die Leute von Margarinien brauchten nicht lesen und schreiben zu lernen. Ihre Väter konnten auch nicht lesen und schreiben. Und deren Väter konnten es auch nicht. Ihre Väter konnten auch nicht lesen und schreiben, und ihre Väter auch nicht. Und deren Väter auch und deren Väter auch nicht. Denn deren Väter konnten es auch nicht, weil ihre Väter es auch nicht konnten. Für was denn? Es gab nichts zu lesen in den margarinischen Dörfern.

Also blieben ihm die Besen übrig.

Er stellte sie unter das Dach an die Hauswand, machte wieder grobe Besen und stellte sie auch unter das Dach an die Hauswand. »Macht nix«, sagte er, »Besen werden immer gebraucht, denn Dreck gibt es überall. Ich arbeite auf Vorrat.«

Er stellte den nächsten Besen an die Hauswand und den übernächsten. Den überübernächsten und den danach. Er stellte sie alle an die Hauswand unter das Dach, bis die Hauswand voll war. Dann an die nächste Hauswand und die übernächste und überübernächste, bis alle Hauswände voller Besen waren. Dann stellte er sie in der Stube unter.

Erst neben dem Schrank, dann auf der anderen Seite vom Schrank. Und dann auf dem Schrank und unterm Schrank und im Schrank und vor dem Schrank. Dann kam das Büffet dran. Daneben, darunter, darüber, davor. Dann der Tisch. Dann das Bett. Unterm Bett, neben dem Bett, hinter dem Bett, auf dem Bett, auf dem Weg von der Tür zum Bett, innen an den Wänden, neben den Fenstern. Auf dem Fußboden. Dann hatte er keinen Platz mehr für sich selber in der Stube und mußte im Ziegenstall schlafen. »Macht nix«, sagte er, »dann bin ich nicht so allein. Zu zweit, das wärmt im Winter und in kalten Nächten.«
Gut, schlief er also bei der Ziege.
Aber weil keiner seine Besen brauchte und er immer weiter arbeitete, mußte er sie bald unter die Linde vor dem Haus hängen und in den Garten stellen. Am Zaun entlang und zwischen die Sträucher.
Der Garten war bald voll.
Er ging zum Nachbarn: »Wenn Sie mir nur einen einzigen Besen bei sich unterstellen, ist mir viel geholfen.«
Na gut. In der Not muß ein Nachbar zum anderen halten, also stellte der ihm einen unter.
Nach zwei Stunden kam Antek wieder: »Noch einen. Bloß noch einen, denn wo einer Platz hat, haben auch zwei Platz.«
Also gut. Zwei Besen. Und so ging das immer weiter. Drei, vier, hundert. Als der Nachbar die Bude voller Besen hatte, mußte er zu Freunden schlafen gehen, weil er keinen Platz mehr zu Haus hatte. Macht nix. In der Not muß ein Nachbar dem anderen helfen.
Dann ging Antek Pistole zum nächsten. »Einen! Wissen Sie, wenn ich diesen einen Besen bei Ihnen unterstellen kann, kann ich wieder einen neuen machen und habe dann Platz für den. Geht das?«

Na also gut, das ging, dann kam er mit dem nächsten, dem übernächsten, und immer so weiter. Und dann hatte der Nachbar auch keinen Platz mehr zu Haus, mußte woanders schlafen, und der nächste Nachbar wieder.
Das war auch die Zeit, wo viele aus Margarinien nach Australien auswanderten. Solltest du einmal nach Australien kommen, wird dir jeder Bauer dort von seinen Urgroßvätern in Margarinien erzählen. Sie sind immer noch stark wie die Bären. Wie ihre Väter in Margarinien. Aber das war nur nebenbei gesagt. Falls du mal nach Australien kommst.

Wer noch irgendwo ein bißchen Platz in seiner Hütte hatte, wo er seine Schuhe hinstellen konnte, wenn er sich schlafen legte, der vernagelte seine Tür. Hängte einen Zettel von außen daran: »Wir sind verreist und kommen nie wieder.« Und ließ den Zettel Zeit seines Lebens dort hängen.
Nur wenn Antek Pistole schlief, dann kamen sie aus ihren Fenstern und Stalltüren, und das Leben in dem Dorf nahm seinen gewohnten Gang. Im Wirtshaus spielte der Harmonikaspieler wieder zum Tanze auf, und der Pfarrer las die Messe.
Antek Pistole wurde einsam, denn er hatte lange keinen Menschen mehr gesehen. Jeden Tag nach Feierabend ging er mit einem Bündel Besen auf dem Rücken durch das Dorf und rief: »Besen! Leute, kauft euch Besen, denn vielleicht kommen schlechte Zeiten. Vielleicht brennt der Wald ab und es wird kein Reisig mehr geben zum Besenmachen .... kauft Besen .... Leute. ... Besen.«
Na gut, sie konnten ihn auch gut leiden, aber Freundschaft hin, Freundschaft her, was zu viel ist, das geht nicht. Auch kam die Zeit, wo er sich eine Frau hätte nehmen sollen. Ein Kind haben. Es taufen lassen. Auf den Namen Antek. So wie sein Vater schon hieß. Und dessen Vater. Auch dessen Vater. Und auch dessen Vater. Auch sein Vater und sein Vater und sein Vater und sein Vater und Großvater. Warum plötzlich einen anderen Namen geben? Und das war auch vorgesehen, daß es ein Besenbinder werden sollte. Wie sein Vater und dessen Vater und dessen Vater, denn auch sein Vater war schon ein Besenbinder, und auch dessen Vater war ein Besenbinder und dessen Vater war auch ein Besenbinder gewesen, weil auch sein Vater schon ein Besenbinder war, aber ich glaube, das wurde schon gesagt ...
Doch er fand keine Frau. Denn wo kein Mensch zu sehen

ist, ist auch keine Frau zu sehen. Pistole fand keine Frau. Sein Buckel wurde immer krummer, denn die Besen, die er nirgends mehr unterstellen konnte, trug er jetzt immer bei sich. Ein riesiges Riesenbündel von Besen, immer auf dem Buckel – das drückt auch den stärksten Mann herunter.
»Es ist alles nicht mehr so, wie es war«, dachte er. »Aber warum nicht ... warum nur nicht?«
Das war Denkarbeit, das war er nicht gewohnt – es fiel ihm nicht ein. Kam er an der Kirche vorbei, murmelte er: »Was ist bloß, lieber Gott? Ich verrichte meine Arbeit anständig und ehrlich. Ich habe keine Sünden, bin nicht habgierig, nicht hoffärtig und nicht stolz, und lieber Gott, ich bin doch auch nicht geizig. Schicke mir einen, der keinen Besen hat, und ich werde ihm zehn Stück schenken! Ich werde ihm hundert schenken, jawohl.« Es kam keiner.
Gut. Er hätte auch Besen aus trockenem Reisig machen können, mit denen der Mensch einmal fegt und – Krch krach! brechen sie wie trockenes Stroh. Dann hätten die Leute einen neuen gebraucht, er hätte Arbeit für immer und ewig gehabt. Das hätte dann aber auch sein Vater schon so machen müssen und dessen Vater und dessen Vater und dessen Vater. Und dessen Vater und dessen Vater und auch sein Vater. Denn es gab hier in dem Dorf noch Besen, die schon seit Generationen von einer Familie benutzt wurden – weil sie eben so gut hielten. Also war es dafür jetzt zu spät und außerdem hätte er das nicht getan. Weil's nicht anständig wäre. Das macht man heute so. Mit Radios und Fahrradlampen. Sie halten nur drei Jahre, können dann nicht mehr repariert werden, weil die Arbeit mehr kostet als ein neues Radio. Dadurch müssen die Leute wieder neue Radios kaufen, und das Geschäft blüht. Aber in Margarinien war das nie so; denn die Leute waren stark und ehrlich.

Und jetzt fängt eine ungeheuerliche Geschichte an, denn eines Tages geschah etwas!
Eines schönen, kalten Morgens nämlich, noch bevor der Hahn auf dem Mist krähte, wachte Pistole auf. Das Kreuz drückte ihn, die letzten Besen von gestern hatte er nirgendwo unterbringen können, nur auf den letzten vierzig Zentimetern, auf denen er bisher mit seiner Ziege geschlafen hatte – und da war es aus!
»Ich werde ein Räuber, und punktum Schluß aus!« sagte er und packte seine Siebensachen in ein Tuch, das er oben verschnürte, zerrte seine Ziege aus dem Stall, hängte ihr das Bündel ans linke Gehörn.
Er zog seine festen Schuhe an, die sein Vater schon getragen hatte, wenn er eine Reise machte, und auch dessen Vater. Auch dessen Vater und auch dessen Vater. Auch dessen Vater und auch dessen Vater. Und auch dessen Vater. Auch sein Vater und sein Vater und sein Vater. Und sein Vater. Und weil die Margarinier kaum verreisen, waren die Schuhe so gut wie neu. Er hätte sie genau so seinem Sohn weitervererben können. Und der seinem Sohn. Der seinem Sohn und der wieder seinem Sohn. Und der wieder seinem Sohn und der seinem Sohn – aber wozu hier länger über die vielen Söhne reden? Er setzte seine Baranina* auf, stopfte die Taschen voll Reiseproviant. Das ist für einen Margarinier eine Mischung aus getrockneten Kürbis- und Sonnenblumenkernen und ein paar Rosinen. (Auf zweihundert Kürbis- und fünfhundert Sonnenblumenkerne etwa eine Rosine.) Die einen ernähren gut und machen schnell satt, und die Rosinen machen glücklich, sind sozusagen zur reinen Freude des Reisenden gedacht.
»Und jetzt den Sattel«, sagte er und holte die Sofadecke.

* Pelzmütze aus Hammelfell. Baran = Hammel (margarinisch)

Legte sie auf die Ziege. Hängte einen Blechtopf an das rechte Gehörn, bestieg das Ziegentier, gab ihm die Sporen und verließ mit einem wilden Feuer in den Augen das Dorf. »Wenn ich so heiße – ist das meine Schuld? Wer Pistole heißt, muß ein Räuber sein, und jeder muß sein, was er sein muß, punktum Schluß aus! Keiner wird mich daran hindern.«

Er verließ das Dorf seiner Väter, in dem sein Vater gut und recht gelebt hatte und auch sein Vater, und dessen Vater und dessen Vater und dessen Vater und dessen Vater – das hätte immer so weitergehen können, nichts hätte sich zu ändern brauchen. Für seinen Sohn nicht und dessen Sohn nicht und dessen Sohn nicht.

»Punktum, Sense, Schluß aus!«
Antek Pistole ritt die einzige Straße entlang, die aus dem Dorf hinaus führte, sie führte hin zu den großen Wäldern im Westen.
Über das Räuberleben wußte er nichts, denn die Wälder waren weit, in denen die Räuber hausten. Sie wagten sich selten in die entfernteren Dörfer. Der Weg war zu weit. Reisen macht auch schwach, und die Beute wäre kleiner ausgefallen, als die Reise es wert war.
Also, was konnte er vom Räuberleben wissen? Nichts.
Es dauerte nicht lange, da begegnete er einem Fremden. Er überholte ihn, war froh, endlich wieder einen zu treffen, mit dem er etwas reden konnte.
»He, Sie! Wohin des Wegs und woher und wie geht's?«
Der Fremde sah in der Tat sehr fremd aus; denn er trug einen teuren Anzug wie ein polnischer Baron, aus kariertem Wollstoff. Hatte schwarze, geputzte Schuhe nach der letzten Pariser Mode aus Lackleder. Dazu passend weiße Gamaschen wie ein Kavalier. Trug ein Hemd mit Kragen, war sauber rasiert, der kleine Schnurrbart gestriegelt.
Für einen, der sich in der Welt auskennt, ein sicheres Zeichen dafür, daß der Mann nicht in Ordnung war. Ein feiner Pinkel, vielleicht ein Von-Baron, einer, mit dem man keine Pferde stehlen kann, dem man nicht trauen darf. Ein Taschendieb vielleicht oder ein Minister vom Amt.
Aber Antek Pistole kannte sich nicht in der Welt aus.
»Wie geht's«, fragte Pistole noch einmal, weil der Fremde nicht geantwortet hatte, sondern ihn von oben bis unten unauffällig und schnell gemustert hatte.
»Wo gehen Sie hin, warum sind Sie zu Fuß, wo kommen Sie her?«
»Mal hierher, mal dorthin, wie's grad auskommt, mein Herr.«

Eine Antwort und Rede, die nichts bedeutet. Eine gezierte Ausdrucksweise, Geschwätz – der Mann war kein Margarinier. Für einen, der sich in der Welt auskennt, Alarmzeichen Numero zwei. Vorsicht geboten, ein Fremdling, ein Schwätzer, und wer schwätzt, der lügt auch; denn so viel gibt es auf der Welt gar nicht zu reden, daß man mit der Wahrheit allein auskäme. Er *muß* also ein Lügner sein. Und wer lügt, der stiehlt vielleicht auch. Meistens aus den Taschen. Wahrscheinlich also ein Taschendieb.
Und genau so war's.
Dieser Fremdling hier war der berühmte und überall jenseits der Wälder in den Städten gesuchte Taschendieb Oktober Schablitzki, blitzschnellster Dieb und unverschämtester Ganove jenseits der Wälder. Jedes Kind hätte ihn dort erkannt; denn sein Steckbrief hing an allen Litfaßsäulen.
Dort, aber nicht hier! Also erkannte ihn Pistole nicht, lud ihn auch noch ein: »Bitte, dann nehmen Sie doch Platz! Lassen Sie uns ein Stück zusammen reiten, ein Weg zu zweit ist nicht schlecht.«
Sonst nicht margarinische Art, denn ein Margarinier reist gern allein, redet nicht viel. Nur hatte Pistole seit Monaten keinen Menschen mehr getroffen. Vielleicht schon seit Jahren. So ist ihm dieses dumme Verhalten zu verzeihen. Aber er hat es teuer bezahlt; denn der Fremde hatte blitzschnell gesehen, daß die Jackentaschen ausgebeult waren.
»Gold wird's nicht sein«, dachte Schablitzki. Aber üben konnte er sich wenigstens.
Er bestieg das Ziegentier.
»Machen Sie es sich gemütlich, Herr«, sagte Pistole.
Bevor Schablitzki sich setzte, wedelte er den Dreck von der Sofadecke. Mit einem Taschentuch aus Stoff. Für einen,

der sich in der Welt auskennt, Alarmzeichen Numero drei. Denn der hier war penibel. Etepetete! Ein Lump, dem nichts gut genug ist auf der Welt!
Aber Antek Pistole kannte sich nicht in der Welt aus und merkte also nichts.

»Befinden sich der Herr auf Reisen? Beruflich gar? Vielleicht schon direkt zurück vom Markte? Haben vielleicht drei, vier kleine Ziegen verkauft, und in den Taschen klimpern die Goldlewonzen? Ja? Nein?«
Für einen, der sich in der Welt auskennt, Alarmzeichen Numero vier: Vorsicht geboten! Denn dieser hier war neugierig. Wer so neugierig ist, kann auch ein Taschendieb sein, denn wozu sonst will er alles genau wissen? Weil er hineingreifen will. Stehlen!
»Ja, ja, sozusagen beruflich«, sagte Antek Pistole. Damit meinte er aber die Räuberei.

Der Fremde ritt nicht weit mit. Es war ihm wohl nicht bequem genug. An der nächsten Kreuzung sagte er: »Sie müssen wohl rechts ab? Dann muß ich links.«
»Nein, nein«, sagte Pistole, »ich muß auch links ab.«
»Dann muß ich rechts, pardon.«
Stieg ab und lief schnell nach rechts davon. Für einen, der sich in der Welt auskennt, letztes Alarmzeichen; denn wer einmal nach rechts will und dann nach links – der muß wohl ein Lump sein. Nur Pistole kannte sich in der Welt nicht aus. Er ritt friedlich weiter, der Fremde war längst über alle Berge, da griff Pistole in seine Taschen, wollte etwas essen – da waren sie leer. Ratzekahl leergeklaut! Da hatte der Taschendieb mehr aus Schabernack oder zur Übung Pistoles Reiseproviant so nach und nach an die Vögel verfüttert. Für was sonst hätte er's brauchen können?
»O verflucht!«
Es war das erste Mal, daß Pistole in seinem Leben fluchte. Margarinier fluchen nicht, wenn's nicht nötig ist, und bisher war es nicht nötig gewesen.
Sein Vater hatte Zeit seines Lebens nicht geflucht und dessen Vater auch nicht. Auch sein Vater nicht und sein Vater nicht. Und dessen Vater nicht und dessen Vater nicht.
Kein Vater!
»O verflucht, verflucht.«
Jetzt schon zweimal. Er stieg von der Ziege, und jetzt, als er sich umdrehte, fror es ihn am Rücken, der Wind wohl. Er griff nach hinten – es fehlte ein Stück von seiner Jacke, der ganze Rücken war weg. Da hatte der geschickte Schablitzki wohl, während sie so schön zusammen plauschten, ihm hinten fein säuberlich Stich für Stich den Rücken der Jacke herausgetrennt. Ein Possenspiel, ein diebisches Meisterwerk, Zeitvertreib! Für ihn kein Gewinn, denn wozu

braucht so ein parfümierter Pinkel eine halbe Jacke? Aber für Pistole ein großer Verlust.
»O verflucht, verflucht, verflucht.«
Dreimal geflucht.

Als er wieder aufsteigen wollte, sah er, daß die Hälfte der Satteldecke fehlte. Abgeschnitten mit einem scharfen Messer. Direkt unter ihm, hinter seinem Hintern, und jetzt fluchte er fünfunddreißigmal.
Pistole war ein Flucher geworden.
Und dann ritt er weiter.
Sein Zorn dauerte nicht lange, denn Margarinier sind friedlich, und er sagte sich: »Macht nix! Lehrgeld ist teuer,

wenigstens habe ich viel gelernt. Man muß hinten sitzen beim Stehlen. Man muß vornehm reden und viel fragen.«
Er hatte ein halbes Ziegenseil um den Leib gebunden, das hielt den Rest seiner Joppe zusammen. Und es dauerte nicht lange, da sah er wieder so einen Mann vor sich hergehen.
Als er ihn einholte, war es ein Bauer. Ein lustiger Vogel wohl, der etwas Schnaps getrunken hatte, weil er von einer Kindstaufe kam und sang:

»Gingen zwei Wanzen auf der Chaussee
judilajudilüjudiliöööö.
Da taten der einen die Füße weh
judilajudilöjudiliöööö.
Sprach zu der andern die eine:
Geh du doch lieber alleine...
Juchhei!«

»Wohin des Wegs, Werter«, rief Pistole. »Wohl beruflich unterwegs? Wohl etliche kleine Kühe verkauft? Zwanzig, dreißig Stückerchen, hahaha, in den Taschen klimpern die Lewonzen, ich hör's doch. Herrr ....«
Das Bäuerlein, nicht dumm und immer zu einem Späßchen aufgelegt, sagte sofort: »Freilich, Kamerad. Siebzig Kühe verkauft und viertausend Lewonzen in den Taschen. Da kann man leicht klimpern.«
Er schepperte mit etwas in den Taschen, aber das waren keine Lewonzen, das waren Rattenfallen und ein Fangeisen, spitz wie Pantherzähne.
»Schon gewonnen«, dachte Pistole, »man muß es eben nur richtig machen.« Laut aber sagte er:»Dann steigen Sie nur

auf, werter Herr Graf. Nehmen Sie Platz auf meinem Lipizzaner*. Seien Sie mein Gast auf einem kleinen Stück gemeinsamen Wegs.«
»Lassen Sie mich erst mal pinkeln«, sagte der schlaue Bauer, der längst gemerkt hatte, daß es diesem einfältigen Pinsel hier wohl um die angeblichen Lewonzen in den Taschen ging. Er verzog sich hinter einen Strauch und spannte in seinen Taschen das Fangeisen und die Rattenfallen, schob sie vorsichtig wieder zurück und stieg dann vorsichtig auf die Ziege. Damit sie nicht von allein zuschnappten.
»Vorne bitte«, sagte Pistole, denn dieses Mal würde *er* hinten sitzen.
»Das wollte ich sowieso«, sagte der Bauer, »damit du mich besser bestehlen kannst, hahahaaa ...«
Wer sich in der Welt auskennt, hätte hier sofort gemerkt, daß der Bauer etwas gemerkt hatte. Aber Pistole kannte sich nicht aus. Er setzte sich hinter den Mann. Der hielt die Arme weit von sich, um dem Dieb sein Handwerk zu erleichtern, und Pistole redete oben unauffällig weiter, schob aber unten die Pfoten in die Taschen des Mannes und zack! bohrte sich das Fangeisen in die eine Hand, und zack! schnappten die Rattenfallen die anderen Finger.
Pistole fing an zu singen, damit er vor Schmerz nicht jaulen mußte: »Holderia holderia diria diro ...«
»Recht so, recht so«, sagte das Bäuerlein, »wer schön singt, dem scheint die Sonne ins Gemüte, Kamerad ...« und begleitete ihn, indem er pfiff.
Pistole befreite sich von den Fallen, der Bauer stellte sich blind und taub, hatte aber längst alles gemerkt. Jetzt versuchte Pistole, wie er es gelernt hatte, dem Bauern

* Pferderasse

hinten ein Stück von der Jacke abzutrennen, mit seinem Taschenmesser. Aber so ein Besenbinder ist keine Damenschneiderin, und er schnitt den Bauern in den Rücken, der haute ihm eins auf die Pfoten, was für Pistole wieder sehr schmerzlich war, denn so ein Bauer ist stark wie drei Bären.

»Wenn du dich festhalten willst, Wandersmann«, sagte der Bauer, »dann nicht an meiner Jacke. Sie reißt so leicht auf, weißt du.«

Und dann kamen sie zu dem Dorf, wo der Bauer wohnte, und er stieg ab. »Bedanke mich sehr, lieber Mann«, sagte er und verschwand zwischen den Häusern.

»Chachachaaa ...« Pistole lachte noch lange hinter ihm her, denn wenigstens eines hatte er dem Tölpel gestohlen – so wie er's gelernt hatte –, ein Stück Satteldecke. Mit dem Taschenmesser ihm unter dem Hintern weggeschnitten, zack! weg ab!

Als er nun seine Ziege wieder besteigen wollte und die Satteldecke an den Rest *seiner* Decke hielt, paßte das Muster genau. »So ein Zufall«, murmelte er, stieg auf, da fehlte vorn auf dem Ziegengehörn der Melktopf. Den hatte sich wohl dieser schlaue Bauer, während er von hinten bestohlen wurde, unter die Jacke geschoben. »Verflucht, verflucht. Verfluchter Mist.«

Das Fluchen war ihm zu einer lieben Gewohnheit geworden. Jetzt hatte er keinen Proviant mehr, konnte die Ziege nicht melken, und von hinten fror er. Er saß hart auf dem Rest der Decke, und in der Nacht mußte er auch frieren.

Ein lausiges Räuberleben!

Der Zorn verflog, und er sagte sich: »Macht nix. Lehrgeld ist teuer, und wenigstens habe ich viel gelernt, denn ich weiß jetzt, wie man's macht. Erstens muß man vorne sitzen, damit man von hinten nicht gesehen wird. Zweitens muß

man lügen, muß sagen, die Taschen voller Lewonzen, das erweckt Vertrauen, genauso werde ich's machen.«
Er war noch nicht weit geritten, da sprang aus dem Gebüsch so ein verfluchter Kerl. »Haaaaalt!« brüllte er. »Haaaalt und abgestiiiiiegen!«
Pistole blieb sitzen.
»Hast du nicht gehört, du Wuuuuuurm?«
Ein Wegelagerer, ein Strauchdieb, einer von der Sorte, die im Hinterhalt lauert. Kein offener und wilder Räuber, sondern ein Lump, der harmlose, arme Marktfrauen und Wandersleute überfällt.
»Was hast du in den Taschen, du Ameise?«
»Lewonzen. Viertausend. Kühe verkauft auf dem Markt, siebenundzwanzig Stück.«
Pistole war ein Lügner geworden. Er war ein Flucher geworden und ein Lügner.
»Dann zeig her!«
Der Strauchdieb zog ihn von der Ziege, packte ihn an den Beinen und beutelte ihn. Der Strauchdieb war wie alle einfachen Margarinier stark wie drei Bären. Denn auch er mußte schon als Knabe das Bärenfangen lernen. Der Margarinier muß, kaum daß er dreizehn geworden ist, im Wald seinen ersten Bären fangen. Muß ihn jagen, schnappen und von hinten so lange festhalten, bis der Bär müde ist. Gewinnt der Junge, bekommt er von seinem Vater die hohe Pelzmütze aus Hammelfell zum Zeichen. Gewinnt der Bär, braucht der Junge keine Mütze mehr. Der Bär läßt aber fast jeden gewinnen; denn zwischen den Bären und den Margariniern besteht eine geheimnisvolle Freundschaft. Sie jagen sich, sie kämpfen miteinander, aber sie töten sich nicht. Wenn der Bär einen Margarinier tötet, tut er das aus Freundschaft, wenn der Margarinier schon zu schwach geworden ist fürs Leben, zu alt. Wenn er

zurückgeht in den Wald, weil das Leben zu Ende ist, seinen letzten Kampf kämpfen ...
Der andere beutelte also Pistole wie einen Kartoffelsack. Es fiel beinahe nichts aus den Taschen, nur zwei Sonnenblumenkerne und eine Rosine, die der Schablitzki wohl übersehen hatte.
»Nichts«, sagte der Strauchdieb und ließ ihn fallen, daß die Knochen krachten.
»Nichts und gelogen. Das habe ich mir gedacht, aber ich werde es dir zeigen, einen armen, ehrlichen Strauchdieb

frotzeln ...« Und haute ihm eine runter. »Und verulken! Das wird dir gleich vergehen, Wandersmann.«
Haute ihn windelweich.
»Belüüüüüü...gen. Einen ehrlichen, armen Strauchdieb belüüü...gen. So.«
Pistole wehrte sich nicht. Schmerzen machen einem Margarinier fast nichts aus, und schließlich hatte der Strauchdieb ihm ja nichts geklaut.
Pistole fing seine Ziege ein und ritt weiter. Wohl schmerzten ihn etliche Knochen, aber er sagte sich: »Was sind ein paar Schmerzen, wenn man stehlen will. Man muß laut

brüllen, damit der andere versteht, was man will. Und genauso werde ich das machen.«
Er bekam bald großen Hunger, denn sein Reiseproviant war weg, und die Ziege konnte er nicht mehr melken, weil der Topf weg war. Also mußte er stehlen.
Sein Magen knurrte vor Hunger schon so laut, daß die Ziege dachte, ein Löwe sei hinter ihr her, und sie rannte um ihr Leben. Deswegen dauerte es auch nicht lange, bis sie beim nächsten Dorf waren.
»Wie ich's gelernt habe – laut brüllen!«
Ohne viel Federlesen ging er ins nächste Haus. Die Frau war in der Küche und kochte Kartoffeln.
»Stehengebliiiiiie-ben!« brüllte er, was nicht ganz paßte, denn die Frau stand sowieso. Aber was sollte er sonst brüllen? Ihm fiel nichts Passendes ein.
Er hatte so laut gebrüllt, daß die Löffel in den Tellern tanzten. Das Mittagessen sollte bald fertig sein. Der Bauer war schon hinten im Hof, wollte den Spaten unterstellen, die Axt schleifen. Da hörte er drinnen jemanden brüllen. Schaute durchs Fenster und sah da diesen Einfaltspinsel mit der halben Jacke.
»Essen her!« brüllte Pistole. »Wurst und Brot!«
Der Bauer brauchte nicht lange zu überlegen, was hier vor sich ging. Das war ein Räuber. Ein Dieb. Pistole nahm das Brot vom Tisch. Er guckte in den Schrank und holte den Winterschinken heraus. Er hatte gestohlen. Er war erst ein Flucher geworden und dann ein Lügner. Und jetzt ein Dieb. Aber das letzte nicht lange, denn inzwischen kam der Bauer zurück und brachte zehn Nachbarn mit, die den Pistole windelweich hauten. Ihm das Fell gerbten und ihn zur Tür hinauswarfen. Froh konnte er sein, daß er überhaupt noch laufen konnte.
Er ritt auf seiner Ziege weiter. Bald verrauchte sein Zorn,

und er sagte sich: »Wenigstens eines habe ich gelernt: daß es nämlich egal ist, was man gelernt hat, weil's nichts nutzt. Genauso ist das.«

Der Magen knurrte wieder, und die Ziege lief um ihr Leben. Gegen Abend kamen sie zu einem Wäldchen, und zum Glück fing Pistole eine junge Taube, die noch nicht richtig fliegen konnte.

»Wo eine ist, werden auch mehr sein«, sagte er sich. Was auch stimmte. Er fand das Nest, raubte es aus, vier Tauben

und dazu die alte Taubenmutter. Er war ein Nesträuber geworden. Ein Flucher, ein Lügner, ein Dieb und ein Nesträuber. Er sammelte altes Laub und Holz, machte ein Feuer an und briet die Tauben. Morgen werden alle Wunden geheilt sein, denn bei einem Margarinier heilen Wunden über Nacht. Er wird sich ins Laub eingraben, wird eine Nacht ganz tief schlafen, und morgen wird die Welt anders aussehen.

Und so war's auch.

Der gute Taubenduft hatte nämlich einen Landstreicher angelockt. Als Pistole sich an den guten Tieren labte, die Ziege friedlich ihr Gras fraß, denn seit der Magen nicht mehr knurrte, war sie wieder ruhig geworden, und als das Feuer langsam niederbrannte, schlich um das Lager der Landstreicher.

Pistole zog seine Stiefel aus und stellte sie neben sein Bett aus Laub. Legte das Bündel mit seinen Siebensachen, das ihm wie durch ein Wunder noch nicht gestohlen worden war, unter seinen Kopf. Und dann schlief er ein, fest und tief und satt, träumte vielleicht von zu Haus.

Nun lieben Landstreicher mehr den stillen Diebstahl. Das ungefährliche Anschleichen und Stibitzen. Und als Pistole laut und grunzig schnarchte: »Chrrrrrrrgrrrrr grrrr chrrrrr....«, schlich er sich näher und klaute die Siebensachen, die Pistole unter seinem Kopf hatte. Wollte die Schuhe noch haben, fürchtete sich aber und verschwand nur mit dem Bündel Siebensachen.

Ohne seine Siebensachen ist ein Margarinier nur ein halber Mensch. Aber was sind denn die Siebensachen eines Margariniers? Das ist einmal ein Korkenzieher. Den braucht ja jeder Mensch, der durch die Welt geht. Dann ein paar warme Socken, die ihn an seine Mutter erinnern, weil sie diese ihm gestrickt hat. Dann das Feuerzeug seines

Vaters, das dieser ihm zum Andenken am Sterbebett hinterließ. Dann ein weißes Tuch, das er unterlegen kann, wenn er einmal im Freien ißt und der Erdboden darunter nicht sauber ist, was aber fast nie vorkommt. Etwas Seife zum Waschen noch, dann ein Bleistift, damit er unterschreiben könnte, wenn irgendwo auf der Post einmal Geld von einem Onkel aus Amerika ankommen sollte, und das ist schon alles.

Und diese Siebensachen waren nun weg. Ein Margarinier ohne seine Siebensachen ist ärmer als eine Kirchenmaus, denn diese hat wenigstens noch ihr Fell, Antek Pistole hatte nur noch die Hälfte davon.

Er traf niemanden mehr. Ernährte sich von jungen Raben, die er aus den Nestern holte, keine gute Tat, denn die Jungen gehören den alten Vögeln, bis sie erwachsen sind, erst dann darf man sie jagen. Nesträuber war er geworden. Flucher, Lügner, Dieb und Nesträuber. Er aß Sauerampfer, der an den Bächen wuchs, und trank Quellwasser. Ein lausiges Räuberleben!

Er wäre bald verhungert, hätte er nicht eines Tages einen guten Mann getroffen. Kam ihm auf seiner Ziege entgegen. Trug seine Pelzmütze, hatte eine Jacke an. Hatte sein Bündel mit den Siebensachen – nichts, was einen zur Vorsicht gemahnt, nichts Verdächtiges, auch nicht für einen, der sich in der Welt auskennt.

»He, Freundchen«, rief Pistole, »wohin des Wegs und woher?«

»Nach Giltschowitz zu meiner Schwester«, sagte der Mann, »sie muß bald sterben, und außerdem ist dort Jahrmarkt. War lange nicht mehr da. Ja ja.«

Eine ordentliche Rede. An dem Mann war wohl kein Fehl, könnte man sagen. Ein guter Mann.

»Haben Sie etwas zu essen, Freundchen?« fragte Pistole.

»Bin ziemlich ausgehungert, wir könnten zusammenlegen und uns einen guten Tag machen. Ich hätte schönen Salat und frische Täubchen.«
»Ist gut, Kameradchen«, sagte der Fremde, »ich hätte noch zwei Flaschen Tichauer Bier, das wollte ich mit auf die Beerdigung nehmen, aber sei's drum. Und Brot hätte ich noch von voriger Woche, also frisch gebacken. Kommen Sie her, Kameradchen!«
Also hauten sich die beiden auf die Schulter, was in

Margarinien der Gruß zwischen guten Leuten ist, machten ein kleines Lagerfeuerchen und setzten sich drumherum. Sie spitzten Haselnußruten an und spießten die jungen Raben drauf. Legten die Ruten über zwei Astgabeln, die sie rechts und links des Feuers in die Erde gesteckt hatten, und jeder mußte eine Weile drehen, abwechselnd.

»Täubchen«, sagte Pistole, »schöne, junge Täubchen von der schwarzen Sorte.«

Das Lügen war ihm schon in Fleisch und Blut übergegangen. Nicht gut.

»Wie heißt du?« fragte Pistole.
»Antek. Und du?«
Nicht verwunderlich, denn in Margarinien heißen sie alle Antek. Das ist leichter für die Eltern, dann brauchen sie nicht so lange zu grübeln. Leichter für die Behörden, dann brauchen sie nicht so lange zu fragen. Als die Raben gut gebraten waren, klemmte sich jeder zwei davon zwischen zwei Scheiben Brot, sie tranken das gute Tichauer Bier – ein wunderbarer Tag, wie Pistole ihn seit Jahren nicht mehr erlebt hatte. Sie spießten dann Kürbiskerne auf angespitzte Stöcke und brieten sie über dem Feuer: gebrannte Mandeln. Ein Festchen. Ein guter Mann war der Antek. Wie gut, daß es solche Leute gibt auf der Welt. Sollte man denken. Aber der Fremde war ein Spieler. Ein von der Leidenschaft des Spielens verfolgter Mensch. Ging es ihm nur halbwegs gut, dann mußte er Karten spielen oder würfeln. Ging es ihm schlecht, mußte er auch Karten spielen oder würfeln. Es gab keine Minute in seinem Leben, wo er nicht spielen mußte. Die Leidenschaft saß ihm im Nacken wie ein wildes Tier.
»Kleines Spielchen machen, Antekchen?« fragte er. »Ganz kleines, unbedeutendes Spielchen mit Würfeln oder Karten, ja?«
»Ach nein«, sagte Pistole, »ich habe noch nie gespielt. Kann das gar nicht.«
»Ach, verdirb uns nicht den schönen Tag. Wir spielen nur um Steine.«
Sie spielten nur um Kieselsteine, was konnte da groß passieren?
Der Fremde aber war auch ein Falschspieler. Wen die Spielleidenschaft verfolgt, der möchte am liebsten immer gewinnen, und bald wird aus ihm ein Falschspieler. Der fremde Antek konnte also nach Belieben den anderen

gewinnen oder verlieren lassen. Und als Pistole immer gewann, packte auch ihn die Leidenschaft. Er konnte überhaupt nicht mehr aufhören. Sie spielten schon sechs Stunden.
»Jetzt um unsere Jacken, ja?« sagte der andere.
»Einverstanden.«
Pistole setzte seine halbe Jacke ein, der Fremde seine ganze, und Pistole gewann. Jetzt hatte er wieder eine Jacke, die von hinten wärmte.
Ein Tag wie im Paradies!
»Jetzt um unsere Baranina!« sagte der Fremde. Aber da machte Pistole nicht mit, dem Margarinier ist nichts so heilig wie seine Mütze.
»Gut«, sagte der Mann, »dann um unsere Schuhe *und* um unsere Jacken, ja.«
Pistole war einverstanden.
Er hatte bisher noch nie verloren.
Jetzt ließ der andere ihn verlieren. Jacke weg, Schuhe weg, er saß da in Hemd und Hose und barfuß.
»Morgen weiter«, sagte der Fremde, denn es war schon tiefste Nacht. Er deckte sich mit seinen zwei Jacken zu, Pistole fror wie ein Schneider, hatte sich in trockenes Laub verkrochen, und als er früh aufwachte, war der Hallodri weg. Abgehauen, verschwunden, weil er dachte, der andere könnte ihm den Gewinn mit Gewalt wieder wegnehmen; denn die Spielleidenschaft kann einen Menschen packen und verzehren wie ein Schwelfeuer. Er weiß nicht mehr, was er tut und bringt dann seinen besten Freund um.
»Verflucht, verflucht, verfluchter Mist …« Antek Pistole fluchte so oft wie noch nie in seinem Leben. »Das hätte ich wissen müssen, denn der Lump hatte spitze Schuhe und einen Ziegenbart.«

Und in der Tat kann es sein, daß Falschspieler spitze Schuhe und einen Ziegenbart haben. Anzeichen, die erst auf den zweiten Blick ins Auge fallen.
O Pistole, Flucher war er geworden, ein Lügner, ein Dieb, ein Nesträuber und jetzt auch noch ein Spieler.
So kann es kommen, so erging es dem Besenbinder Pistole, der ein Räuber werden wollte, und nun stand er da barfuß und ohne Jacke. So ein Räuberleben.

Das Drachenfest und Epfi der Sieger

Als der Sommer sich wieder in die Wälder verzog, weil seine Zeit um war, kamen die Herbstwinde auf. Für die guten Flieger, die Mauersegler, die Schwalben und Vögel eine schöne Zeit! Wohl dem, der da fliegen konnte. Und um diese Zeit gab es auf den Stoppelfeldern vor dem Waldrand ein Drachenfest. Für alle, die fliegen können, für alle, die einen Drachen haben, und wer keinen hat, konnte sich einen bauen lassen.

Von wem? Vom alten Popov. Bester Drachenbauer in der ganzen Gegend. Denn er hatte ein gutes Gefühl in der Hand. Ganz gleichmäßig und leicht. Gleichgewicht. Windgefühl. Zuggefühl. Kannte den Wind genau und den Himmel und die Richtungen. Weil der alte Popov selber fliegen konnte. Probierte schon wochenlang vorher das Wetter aus, flog von seinem alten Dach hinauf über die Bäume. Flatterte mit den Händen und ließ sich vom Wind tragen. Ließ sich ein kleines Stück fallen, breitete die Flügel – ich meine, die Hände aus, fing sich auf. Segelte Kurven, startete schräg und senkrecht. Den besten Wind auszukundschaften. Und dann war es soweit. Eines Tages war es soweit, daß er wußte: »Morgen. Morgen wird der Wind günstig sein. Kein Sturm, keine Windhosen, keine Wirbelwinde.«

Und dann war es soweit, daß die Vögel die Nachricht verbreiteten. Zwitscherten sie unter dem Vogelvolk herum, und von ihnen erfuhren es die Käfer. Denn auch die Käfer waren eingeladen. Von ihnen erfuhren es die Blätter, denn auch Blätter fliegen im Herbst im Wind herum, oft höher als Vögel.

Und von allen denen erfuhren es die Kinder im Dorf unten.

Wer selber keinen Drachen bauen konnte, weil viele Väter keine Zeit dafür hatten, der kam herauf zum Waldrand, brachte eine Handvoll Preßtabak als Geschenk mit oder ein Stück frisches Brot, eine Schachtel Streichhölzer oder eine Kerze aus Wachs.
Und der Popov baute ihm einen wunderbaren Drachen.
»Herbstwind, Drachenwind, eine gute Zeit, eine gute Zeit...«
Mücken, Bienen, Fliegen, Hummeln, jeder der Flügel hat, wird dabei sein.
Und dann war es soweit. Dann war's morgen. Die Stieglitze, Raben und Wanderfalken, alle, die Flügel hatten, saßen friedlich nebeneinander auf den Birken neben dem Feld. Die nicht selber fliegen konnten, die Igel, die Waldmäuse und Hirschkäfer, hatten sich unter den Bäumen auf hohen Steinen gute Plätze gesichert und schauten zu.
Alle, die einen Drachen hatten, standen locker verteilt auf dem Feld. In gutem Abstand, damit die Schnüre nicht durcheinanderkamen. (Man braucht viel Platz für seine Schnur. Man muß immer gut nach allen Seiten hin frei sein, sonst verliert man die Übersicht.)
Wespen, Grashüpfer, Bienen waren gekommen. Die besten Plätze waren auf den Vogelscheuchen. Sie standen frei und mit guter Aussicht auf den Feldern und waren ziemlich hoch, höher als Steine.
Und dann war es soweit.
Der alte Popov stand mitten auf dem Feld und gab mit der Hand das Zeichen: »Los.«
Die Drachen zerrten schon an ihren Schnüren. Stieglitze saßen flugbereit in Startstellung auf den Zweigen.
»Los!«
Der Wind verhielt sich anständig, wehte gleichmäßig und für jeden gerecht. Wirbelte nicht herum. Keine Zänkerei-

en, keine Zwischenfälle, der alte Popov war ein guter Windwächter und gerechter Schiedsrichter.
Drei Stunden Flugzeit für alle Disziplinen. Sieger wurden in jeder Abteilung extra ermittelt; denn es würde nicht gehen, daß man beispielsweise eine Mücke gegen einen Papierdrachen fliegen läßt. Also Mücken gegen Mücken, Käfer gegen Käfer und Baumfalken gegen Baumfalken. Gab es irgendwo oben in der Luft eine Ungenauigkeit, etwa, wenn ein größerer Drachen gegen einen kleineren sich nicht anständig verhielt, mogeln wollte, zog der alte Popov sofort seine Schuhe aus, flog mit seinen Flügeln, ich meine: Händen hinauf und brachte alles in Ordnung.
Siegerehrung.
Die schönsten Schmetterlinge vom Wald übernahmen die Siegerehrung. Sie setzten sich wie ein Siegerorden dem Sieger auf das Jackett. Die größeren Schmetterlinge auf die größeren Sieger, wie zum Beispiel der Jockel Puchta aus der ersten Klasse Sieger wurde im Drachenfliegen für mittlere, gelbe Sterndrachen. Die kleineren Schmetterlinge schmückten die kleineren Sieger, wie zum Beispiel ein kleiner, blauer sich auf einen Sperling setzte, der im Sturzflug gesiegt hatte. Und er fraß ihn nicht auf, der Sperling den Schmetterling. Die Falken fraßen die Mäuse nicht, die von unten her zuschauten; denn an diesem Tag gab es das nicht.
Der Epfi aus dem Dorf, der noch nicht in die Schule ging, wurde größter Sieger.
Mit seinem Drachen aus Packpapier.
Mit Augen und Ohren und so groß wie der Epfi selbst. Er hatte ihn beim alten Popov gegen eine Blume getauscht. Und die Blume hatte er vorher aus Popovs Garten gepflückt.
Der alte Popov machte ihn zum allergrößten Sieger und

legte ihm die Hand auf die Schulter. So ein Siegergefühl vergißt man sein Leben lang nicht.
Wie hoch sein Drachen flog? War so hoch geflogen, daß man ihn überhaupt nicht mehr sehen konnte, daß er nämlich sogar überhaupt nicht mehr zurückkam, weil der Epfi die Schnur losgelassen hatte.
Bei so einem Drachenfest war alles so schön in Ordnung.

Popov könnte König werden

Einmal ging der alte Popov über die Felder. Da sah er in der Ferne sich etwas bewegen.
»Bewegt sich was ... Ist nicht der Wind ... Den Wind kenne ich. Bewegt sich anders. Ist auch kein Bär. Ist auf dem Feld dort ...«
Er ging dorthin, denn wenn sich hier etwas bewegte, was nicht der Wind und auch kein Bär war, dann mußte er's prüfen. Dann war das seine Sache.
Er mußte auf alles ein Auge haben. Das Feld und der Wald und die Luft über den Baumwipfeln waren sein Revier.
Na, und was war los?
Eine Vogelscheuchenversammlung.
Da hatten sich die Vogelscheuchen aus der ganzen Gegend dort auf einem Weizenfeld versammelt. Liederliche, heruntergekommene Vagabunden. Gesindel aus den Gärten, die Vögel ängstigen und ihnen den Appetit verderben wollen auf die guten Körner. Vögel sind aber Popovs Flieg-Kameraden, Freunde und Gesellen.
Er also leise und unauffällig hin! Stellte sich hinten in die letzte Reihe. Er fiel keiner der Scheuchen auf, denn mit

seiner alten Jacke sah er auch nicht viel anders aus als sie. In der Mitte stand die Vogelscheuche Adamek. Eine alte Schachtel, die im Garten des Bauern Adamek seit fünf Jahren die Vögel ängstigte, böswillig und futterneidisch.
»Es ist«, schrie sie, »es ist ein luderhafter Zustand. Sie lassen, sie lassen ihren Vogeldreck auf uns herunterfallen, als wären wir niemand. Wir sind aber – und das muß ich laut und deutlich sagen – wir sind aber nicht niemand.«
»Jawohl«, kreischten die anderen, »denn wenn wir niemand wären, wären wir gar nicht da. Und wir *sind* da! Jawohl.«
»Es hilft«, kreischte jetzt die Adamek, »es hilft da nur ein Feldzug. Ein großangelegter Plan.«
»Jawohl, ein groß, ein ganz groß angelegter Plan.«
»Wir brauchen«, schrie die Adamek, »wir brauchen einen König, zu dem wir aufschauen können. Der bissel größer ist. Wer von euch ist bissel größer? Vortreten!«
Sie traten alle vor. Aber keine von ihnen war größer. Im Gegenteil, jede war kleiner als die andere.
Nur einer trat nicht vor: der alte Popov. Und ausgerechnet er war größer als die anderen.
»Denn die Vögel haben«, schrie die Adamek, »die Vögel haben auch einen König, den Zaunkönig. Jawohl.«
Nach hinten sahen sie nicht; denn bei so einem liederlichen Gesindel beschäftigt sich in der Königsfrage jeder nur mit sich selber. Je liederlicher einer ist, umso lieber möchte er König werden.
»Der Hechtel, Freunde«, schrie die Adamek, »der Hechtel war uns ein guter König, wie alle wissen werden. Der Lumpensammler, der uns jeden Tag ein gutes Stück mitbrachte. Hier einen schönen, alten Hut und da ein Halstuch, schick für die Schultern. Bunte Fahnen und schöne Bänder! Und wodurch unterschied er sich von uns,

liebe Freunde? Durch sein Bein. Genossen. Er hatte ein Bein zuviel. Wer von den Anwesenden hat ein Bein zuviel, der soll König werden!«
Jetzt schauten sie alle herum und nach unten und fanden einen, der ein Bein zuviel hatte, nämlich zwei Beine im ganzen: der alte Popov.
Als sie an ihm hochsahen, war er auch noch ein Stück größer als sie.
»Juchhaaaa! Wir haben einen König«, riefen sie und kreisten ihn ein.
Und das war zuviel.
Er räumte sie mit seinen Armen zur Seite. »Unverschämt. Also, wirklich unverschämt ... so was ...«
Und als sie ihn nicht hinausließen aus ihrer Mitte, verschloß er die Ohren von innen, legte die Ellenbogen an und stieß sich von der Erde ab.
Flog davon.
Da blieben ihnen die Mäuler offenstehen, ich meine, wären ihnen offenstehen geblieben, hätten sie welche gehabt.
»Ei .. ei .. ein Vogel«, konnte die Adamek noch sagen. »Wir hätten beinahe einen Vogel zu unserem König gemacht. Was für eine Schande ...«

Kleines Schiff Pyjamahose

Eine schöne Geschichte
in Bildern aus Paris

1976

Paris ist groß und das Meer ist groß, die Nase von Tante Janine ist groß. Nur das kleine Schiff ist nicht groß. Aber nur vorläufig, denn dann steuert der Kapitän Pupule es nach Panama, und sein Matrose heißt Pomidore. Eine schöne Geschichte…

Es war einmal ein ganz kleines Schiff, das gehörte einem ganz klei=nen Mädchen. In Paris.

Sie wohnten zusammen in der Rue Boul
Numero 5 bei der Tante Janine. Die
Rue Boulboul war klein, und die Nase
von Tante Janine war groß. Paris is
groß. Und durch Paris fließt ein
Fluß. Der heißt <u>die Seine</u>.

Seine

Aber wie oft dachte das ganz kleine Mädchen: "Wenn doch mein kleines Schiff wenigstens halb so groß wäre wie die Nase von Tante Janine..." Aber es war kleiner. Viel, viel kleiner.

Seine

Jeden Montag und Mittwoch und Samstag gingen das kleine Schiff und das kleine Mädchen und die Tante Janine zusammen über die Brücke von der Seine, unten waren große Schiffe .. hundert ..

oder tausend. Sie gingen durch die Avenue mit den großen, grauen Bäumen zu einem Park. In dem Park wird ein See sein.
Und viele Leute in Paris haben

ein kleines Schiff. Und sie
gehen zu dem See im Park
und lassen es dort schwimmen.

Auch das ganz kleine Mädchen ließ sein ganz kleines Schiff schwimmen. Tante Janine interessierte sich nicht für Schiffe. Sie strickte einen Strumpf für das kleine Mädchen. Wenn es einmal ganz groß sein wird, soll er passen........

Alle Schiffe auf dem See schwammen fabelhaft – nur das ganz kleine Schiff von dem ganz kleinen Mädchen schwamm überhaupt nicht. Weil es viel zu klein war. Es war so klein, daß man es fast überhaupt nicht sehen konnte.

3 x in der Woche gingen das kleine Mädchen und das kleine Schiff zu dem See im Park. Und 3 x in der Woche wollte das kleine Schiff nicht schwimmen. 3 x in der Woche war es zu klein — da warf eines Tages das kleine Mädchen das kleine Schiff <u>in die Gosse</u>.

Und da lag es dann allein. Ein Hund kam und hat geschnuppert. Dann ging er wieder weg. Aber sonst kam niemand.

Nur ein großer, grauer Regen kam und spülte das kleine Schiff fort

aus der Gosse

in eine größere Gosse. Und
von dort in eine größere Gosse.
In eine noch größere Gosse.
In eine noch größere Gosse.
Und dann. . . . .

in die Seine. Die Sonne schien wieder, und an der Seine saßen Pupule und Pomidore, die beiden

Clochards.

Die Clochards*

Die Clochards sind Leute, die unter den Brücken der Seine schlafen. Sie tragen lumpige Kleider und besitzen nur das, was sie am Leib und in den Taschen haben. Ihre Wohnung ist das Ufer der Seine. So gesehen haben sie die größte Wohnung der Welt; denn die Seine ist sehr lang. Sie leben von dem, was sie finden. Von dem Erlös kaufen sie sich Brot, aber noch mehr Wein. Sie trinken so gern Wein, weil sich für manche von ihnen dann die Welt verzaubert. Vielleicht war manch einer früher ein Baron, ein Seeräuber oder Doktor an der Universität. Über die Clochards weiß keiner etwas Genaues. Man sagt, daß manch einer heimlich ein Millionär ist, aber die meisten sind es wohl nicht. Sie leben so, weil sie frei sein wollen. Auch frei von jedem Besitz…

* Sprich: kloschars. Clochard bedeutet ungefähr Bettler, aber ein Clochard bettelt eigentlich nicht.

"Pomidore," sagte Pupule, "da schwimmt ja ein kleines Schiff! Wir müssen es fangen und sofort besteigen. Ich bin der Kapitän, und du bist der Matrose." Er hatte nämlich schon gehörig

einen Kleinen getrunken. Und wenn er einen getrunken hatte, konnte Pupule zaubern. "Komm herunter, Pomidore!" sagte er, "nehmen Sie das Steuer, Matrose, und ich bin der

<u>Kapitän.</u>"

Pomidore kam herunter und legte sich neben seinen Freund Pupule.
Sie waren schon ganz klein und wurden . . . immer . . . . kleiner . . .
immer kleiner . . . . . immer . . . . . immer . . . . immer

. . . . immer . . . . klei-

ner. Es kann aber auch sein, daß das Schiff immer größer wurde, denn als Pupule und Pomidore etwa halb so groß wie das Schiff waren, schoben sie es in die Seine. Stapellauf.

Und als das Schiff dann in der Seine vor Anker lag, war es wohl das schönste, allerschönste, größte Schiff an diesem Tag in Paris. "Matrose Pomidore," kommandierte Pupule, "tragen Sie Ihren Kapitän sofort auf die-

ses wunderbar schöne grüne Schiff hinauf!" – "Zu Befehl," sagte Pomidore und trug Kapitän Pupule hinauf auf das <u>Kommando-Deck</u>.

„Und jetzt, Matrose Pomidore, gehen Sie an Land und laden sie ganz Paris ein auf dieses wunderbare Schiff! Verstanden?“ – „Zu Befehl,“ sagte Matrose Pomidore und ging von Bord und an Land. Er lud alle,

die er traf, ein auf das Schiff. "Kommen Sie zu Kapitän Pupule! Betreten Sie es, besuchen Sie es, machen Sie es sich gemütlich auf unserem Schiff! Und feiert mit uns ein schönes Fest, Leute! Nämlich <u>Schiffstaufe</u>."

Und jeder, der Beine hatte zum Tanzen,
kam und tanzte auf dem Schiff. Auch Tante
Janine und das ganz kleine Mädchen
kamen. Tante Janine tanzte mit dem
gemüseverkäufer Fridelle, weil sie ihn
liebte. Die Leute tanzten auf dem

Deck und unterm Deck, nur das ganz kleine Mädchen war wieder nicht zufrieden. "So ein Schiff," sagte es, "haargenau so ein schönes Schiff, das wäre mein Traumwunsch." Und der alte Pupule rief: "Ich taufe dieses fabelhafte Schiff auf den Namen........

.... Pyjamahose. Hurra, Hurra!"

Als dann das schöne Fest zu Ende war, gingen die Leute nach Hause. Und Pupule kommandierte: "Matrose Pomidore, lichten Sie den Anker und legen Sie Feuer unter den Kessel! Wir fahren nach Pyjama ..." – "Das heißt Panama, Pupulchen," sagte Pomidore. "Ach ja, ich meine Panama," sagte Pupule.

Und dann fuhr das Schiff los ~~~

Als das Schiff in der Ferne wieder ganz klein wurde, sah das kleine Mädchen oben von der Brücke, daß es sein kleines Schiff von da=mals war und hat sehr laut geheult. "Siehst du," sagte Tante Janine. "Siehst du."

Aber dafür war es jetzt zu spät.

Pinkus und der Zaunkönig

Es war einmal ein Vogelfänger mit Namen Pinkus. Er war der schlaueste aller Fallensteller und Leimrutenleger weit und breit. Jeder Vogel ging ihm auf den Leim. Netze, die er knüpfte, waren so dünn, daß selbst ein Falke sie nicht sehen konnte, und Fallen, die er stellte, funktionierten wie geölt. Kurzum, so schlau wie Pinkus war keiner unter den Vogelfängern im ganzen Land.

Ein gewisser Neid hatte ihn bewogen, Vögel zu fangen. Er war nämlich von Natur aus sehr faul. Er hätte gern sein Auskommen haben mögen, ohne zu arbeiten, und hatte oft voller Neid den Vögeln am Himmel nachgeschaut. Warum hatten sie so ein schönes Leben? Brauchten nichts zu tun, hatten immer ihr Futter, konnten lustig singen, kamen auch noch weit herum, ohne mühsam zu Fuß zu wandern.

Aus dem Neid wurde Haß. Er bewarf sie zuerst mit Steinen, lauerte ihnen später auf und fing sie.

Nicht zuletzt stellte sich die Habgier ein; denn die Bauern bezahlten ihm Geld für die Singvögel. Es gab noch kein Radio zu der Zeit, und sie hängten sich die Piepmatze in Käfigen vor das Fenster, damit sie singen sollten und quinkelieren.

So wurde Pinkus also ein Vogelfänger.

Er wurde mit der Zeit so geschickt, daß er sich seine Vögel sogar aussuchen konnte. Das heißt, wenn er einen Vogel auf einem Baume sah, brauchte er nur zu sagen: »Den und den will ich haben, sonst keinen!«, lockte ihn mit einer Graspfeife an, zwitscherte, legte sein Netz aus und – aus! Der Vogel war gefangen.

Weil Pinkus sich tagaus, tagein mit nichts anderem beschäftigte, wurde er berühmt bis über die Grenzen.

Arme Leute kauften bei ihm einfachere Vögel: Hänflinge, Stieglitze, Amseln, Dompfaffen. Reiche Leute schickten ihre Diener und bestellten sich eine Nachtigall.
Eines Tages bekam Pinkus einen Brief aus dem Ausland. Er riß ihn auf; er war so aufgeregt, daß ihm die Hände zitterten. Er, ein einfacher Vogelfänger, bekam einen Brief aus dem Ausland! Er konnte nur langsam lesen und fand mühsam heraus, daß dies eine Anfrage war. Es ging um einen Vogel! Aber der Brief kam von höherer Stelle, er trug nämlich einen roten Stempel. Es müsse aber ein Vogelkönig sein! stand darin. Es sei üblich dort (in dem Lande nämlich, woher der Brief kam), den Generälen für besondere Verdienste Vogelkönige, die man in kleine Kästen aus edlem Holz setzte, in die Schlacht mitzugeben. Einmal brächte das Glück, zum anderen würden sich die Generäle an dem Gezwitscher erfreuen. Zwitscherkästen hießen sie dortzulande. Leider seien aber alle Vogelkönige schon gefangen, und man hätte gehört ... und so weiter und so fort.
Pinkus fühlte sich sehr geehrt. Ein Brief, direkt aus dem Ausland, und man kannte ihn dort! Er machte sich sofort an die Arbeit. Aber was heißt da Arbeit! Fallenstellen ist keine Arbeit. Also, er durchsuchte die Büsche, pirschte sich durch den Wald, lauerte hinter den Sträuchern, legte die schönsten Würmer als Lockmittel aus und zwitscherte so gut er konnte mit seiner Graspfeife. Nach drei Tagen entdeckte er den Meisenkönig. Eine Stimme wie Gold und Silber! Pinkus fing ihn ohne große Mühe; denn der Meisenkönig lebte weit weg von den Menschen, kannte nicht ihre Tücken und ihre Hinterlist; er ging ihm ohne Mißtrauen auf den Leim.
Pinkus schrieb noch am selben Tag einen kurzen Brief ins Ausland. Er habe jetzt einen und wohin derselbe zu senden

sei. Auch wäre er sich über die Verpackung noch nicht im klaren, und der Preis betrage soundsoviel. Nach etlichen Tagen kamen zwei Boten an. Sie bezahlten den dreifachen Preis, steckten den Meisenkönig in einen mit Gold verzierten Kasten und ritten davon.

Eine Weile verging. Dann kam ein neuer Brief. Wieder aus dem Ausland, und Pinkus konnte sich schon denken, was drin stand.

»Sehr geehrter Herr! ... und können wir ihnen mitteilen, daß unser General mit dem Vogel eine Schlacht gewann. Er trug ihn bei sich in einem Kasten aus Edelholz. Das brachte Glück, auch erfreute ihn das Gezwitscher, und er ließ seine Soldaten kämpfen wie Löwen. Nun fragen wir bei Ihnen an, ob Sie noch einen hätten. Wir zahlen das Fünffache. Wir haben noch etliche Generäle in den Dienst genommen und haben die Absicht, unsere Macht zu vergrößern. Mit vorzüglicher Hochachtung ... soundso.«

Pinkus fing den Wachtelkönig. Ein kurzer Brief, Boten kamen, zahlten und ritten davon. Nach einer Weile wieder solch ein Brief. Und wieder ging es so, bis schließlich Briefe und Boten ständig hin und her gingen zwischen dem Ausland und Pinkus, dem Vogelfänger. Er lag jetzt fast Tag und Nacht auf der Lauer, kaum, daß er zwei Stunden schlief und hatte bald alle Vogelkönige gefangen.

Außer einem, dem Zaunkönig! Der war ganz klein und konnte sich gut verbergen. Aber auch er ging eines Tages dem schlauen Pinkus auf den Leim und saß gefangen im Käfig.

Das Ausland hatte dem Pinkus inzwischen als Belohnung für wenigstens noch einen Vogelkönig eine Anstellung im Ministerialbüro angeboten. Zeit seines Lebens hätte er dort faulenzen können, hätte nur einen Platz besetzt halten müssen.

Als der letzte Vogelkönig so im Käfig saß, gefangen, und Pinkus saß ihm gegenüber und freute sich, sagte der Zaunkönig: »Wenn du mich freiläßt, erfülle ich dir deinen größten Wunsch: Ich mache dich zum Vogel.«
Pinkus überlegte. Hier die Anstellung bei der obersten Behörde, ohne Arbeit, immer ein gutes Auskommen, nur durfte er nicht weg. Dort ein Vogel sein! Davon hatte er immer geträumt: Ein Auskommen, die Freiheit und keine Gefahr! denn er kannte alle Vogelfängertücken der Welt. Ihn könnte keiner fangen.
»Gut«, sagte Pinkus, und der Zaunkönig war frei. Pinkus aber wurde ein Vogel, schwarz und weiß. Pinkuin nannte man ihn oder auch Pinguin. Aber er konnte nicht fliegen; er fand sein Futter nur mühsam im Wasser, und von Gesang keine Spur – zur Strafe für seine Gemeinheiten gegen die Vögel.
Der Zaunkönig aber ist der einzige Vogelkönig, den es heute noch gibt auf der Welt.

»Fang mir einen Bären, fang mir eine Maus!«
Etwas über Janosch

Ziegen sind billiger als Pferde – und praktischer. Man kann darauf reiten und kommt gut voran. Und sie lassen sich natürlich melken – für den Durst unterwegs. Wer hier auf einer Ziege reitet, ist nicht der Räuber Pistole aus Margarinien, es ist wohl der Janosch selbst. Aber Janosch lebt natürlich nicht in Margarinien, wie man vielleicht meinen könnte, er lebt in München. Sehr oft ist er auch außerhalb Münchens, in einem kleinen Haus am Ammersee. Dort entstehen die meisten seiner

Geschichten, auch die Bilder. Darunter sind viele Ölbilder, die man nur in großen Ausstellungen sehen kann. Sein erstes Bilderbuch veröffentlichte er 1960. Inzwischen sind es viele, viele Kinderbücher

geworden, dicke und dünne, große Bilderbücher, sogar Romane. Sie sind zum Teil in fremde Sprachen übersetzt worden. So kann man einige seiner Bücher auch in England, Frankreich, Italien, Skandinavien, Holland, sogar in Amerika und Japan lesen. Kinder lieben die

Figuren in seinen Büchern: die Löwen und Bären, den Raben Josef, Onkel Popov und Piezke, Hansel Pfefferle, Lari Fari Mogelzahn, den Josa mit der Zauberfiedel, den Quasselkasper und wie sie alle heißen. Mit ihnen erleben sie schöne Geschichten, zum Beispiel, daß einer, der schwach ist von allen verachtet wird, hinterher doch Sieger wird. Durch Zufall, aber es ist trotzdem schön. »Fang mir einen Bären, fang mir eine Maus!« Große und Kleine, Starke und

Schwache – sie leben brüderlich zusammen. Das ist manchmal wie im Märchen, wo man auch fliegen kann und in ferne Länder kommt, nach Margarinien zum Beispiel. Und es ist gar nicht weit dorthin, ist

gleich nebenan – dort! Wer sich die verschiedenen Fotos anschaut und in diesem Buch ein bißchen gelesen hat, vielleicht auch den »Magischen Lebenslauf«, der kennt den Janosch schon ganz gut. Denn am besten lernt man einen Autor durch seine Bücher kennen.

↑ Das ist der kleine Janosch

Magischer Lebenslauf

Magie ist Zauberkraft, Verzauberung. Eingeborene kennen magische Zeichen, die sie über die Tür ihrer Hütte schreiben, damit kein Feind eindringt oder kein Feuer das Haus vernichtet.
Ein Kreuz ist ein magisches Zeichen. Und ein Kreis.
Und einmal ist es soweit, da sollst du in der Schule zum ersten Mal deinen Lebenslauf schreiben. Wann du geboren bist, was der Vater arbeitet, wie die Mutter heißt, wo du zum ersten Mal in die Schule gingst, wo du bisher gewohnt hast.
Zehn Jahre später mußt du wieder deinen Lebenslauf schreiben, wenn du eine Lehrstelle oder eine Arbeit suchst; es ist inzwischen nichts passiert, der Lebenslauf ist der gleiche geblieben, acht Jahre Schule kamen dazu, ein halber Satz auf eine Zeile.
Solche Lebensläufe sind so langweilig wie altes Brot. Was spielt das schon für eine Rolle, wann und wo geboren und in welcher Schule man gewesen – das ist doch alles Mist. Das, was du wirklich erlebt hast, was du dir gedacht hast, was du denkst, was noch alles im Leben passieren kann, das kannst du da nicht hineinschreiben. Wen du leiden kannst und wer dein bester Freund ist, ist denen egal.
Sich richtige Lebensläufe ausdenken, ist aber ungeheuerlich schön: »Wir wohnten hinter den Wäldern in einem Dorf, das hier keiner kennt. Acht Kinder, sechs Jungen, zwei Mädchen. Mein Vater war Bärenfänger, er konnte einen Bären mit den Händen fangen. Ging von hinten an ihn heran, umschlang ihn mit beiden Armen und hielt ihn so lange fest, bis er (der Bär nämlich) müde wurde und den Kampf aufgab. Dann konnte er ihn an der Pfote packen und so nach Hause führen. Wir hatten einen Bären als Hausdiener. Er wusch unsere Wäsche und brachte das Frühstück. Er hatte eine Bienenzucht hinten im Garten, und wir hatten immer, immer besten Honig umsonst, ist ehrlich wahr.
Einmal wurde ein Bruder von mir von einem Wolf angegriffen. Das war fast einen Kilometer weg von zu Hause. Keine Rettung in Sicht. Da schnupperte mit einmal unser Dienerbär in der Luft, rannte zur

Tür, riß sie auf, rannte hinaus und zeigte mit der Pfote über das Feld. Und da ganz hinten, einen Kilometer weit, konnte man meinen Bruder sehen, wie er um sein Leben rannte, und den Wolf. Meine Mutter riß die Winchester vom Kleiderhaken, sieben Schuß im Magazin... Krrch... peng... pang... peng... peng... Krrrrrch, Krrrch... Sieben Löcher im Wolf! Wir haben in dem Haus gewohnt, bis ich sieben war, mein Vater hatte dann später nur noch eine Hand. Mein Vater wollte niemals reich werden. Er sagte, wer reich ist, hat einen Klotz am Bein, der ist nicht frei. Mein Vater ist unsterblich...«

Du kannst dir wunderbar schöne Lebensläufe ausdenken. Du kannst dann aufschreiben, wie dein Vater sein könnte: Er will niemals reich werden, und wir haben früher in einem Dorf am Meer gewohnt. Oder im Wald.

Du kannst dir deine Mutter ausdenken, die nicht immer das gleiche sagt: Nimm die Beine vom Stuhl, sitz gerade, halte den Kopf höher! sondern mit dir wie mit einem Menschen redet, und wenn sie mal was sagt, dann lohnt es sich, ihr zuzuhören. Weil es dann wirklich etwas bedeutet.

Du kannst dir einen Großvater ausdenken, den du in den Ferien besuchst. Der dir etwas Brauchbares über die Welt erzählt.

Solche Lebensläufe sind natürlich nur schöne Geschichten, aber du kannst mit ihnen gut leben. Deine Lebensläufe sind deine Privatsache, dein Leben ist auch dein Leben, und so ein Lebenslauf ist hundertmal besser als langweilige Daten: Geburtstag, Geburtsort, Name des Vaters...

Und jetzt kommt etwas Seltsames: Ich habe viele Menschen gekannt, die erst kleine Kinder waren, dann lange Lümmel wurden und jetzt über dreißig sind. Viele waren dabei, die immer so versponnene Geschichten erzählt haben, tolle Geschichten über ihr späteres Leben. Sie erzählten sozusagen ihren Lebenslauf im voraus. Man kann seinen Lebenslauf im voraus erfinden. Das Geheimnisvolle dabei ist: Es kommt wirklich so. Ich kannte einmal einen kleinen Jungen, der andauernd von Kanada redete. Bäumefällen, auf einem Boot einen wilden Fluß hinunterfahren. Sein Vater war ein alter Meckerer, einer, dem alles nicht richtig paßte. »Geh raus, quassel

hier nicht rum! Unser Ingo spinnt, weißt du. Hat zuviel gelesen. Hau ab, verzieh dich!«
Jetzt ist er in Kanada, hat inzwischen Bäume gefällt, ist etliche Flüsse hinuntergefahren, und sein Vater, der Meckerer, fährt ihn alle drei Jahre besuchen. Daß er seinen Sohn damals immer aus dem Zimmer gejagt hat, davon weiß er nichts mehr.
Ich habe einen gekannt, der redete als kleiner Junge davon, riesige Brücken zu bauen. Keine Aussicht, daß er es mal tun würde. Zum Studieren kommst du nicht so leicht, und sein Vater war Straßenfeger. Und er bastelte immer an kolossalen Konstruktionen. Sein Vater sagte oft: »Schlag's dir aus dem Kopf, Junge. Das geht für uns nicht!«
Es gibt nichts, was nicht geht. Er ist jetzt dreißig, und drei riesige Brücken hat er schon gebaut.
Mach dir deinen Lebenslauf! Erfinde dir so viele und so schöne Lebensläufe, wie du Lust hast, einmal ist einer dabei, an den du immer denken mußt, und dann kann ihn dir keiner nehmen.

Margarinien, das Land hinter den großen Wäldern

Über das Land und seine Bewohner

Hinter den großen Wäldern liegt Margarinien. Es ist für Fremde nicht erreichbar. Was wohnen dort für Leute? Der Margarinier ist ein einfacher, ehrlicher Mensch, so stark wie drei Bären und sehr friedlich. Er wird nie krank, hat Zähne wie Eisen, und Wunden heilen bei ihm in drei Tagen. Schmerzen beachtet er nicht.
Der Margarinier sammelt keine Reichtümer. Er will nichts besitzen, damit er die Hände frei hat zum Leben. Er braucht nur das, was er braucht, und weil er fast nichts braucht, hat er alles, was er braucht, auch dann, wenn er fast nichts hat. Dadurch ist er glücklich.
Der Margarinier hat fast immer eine Ziege. Sie trägt sein Holz zum Heizen, seine Siebensachen, wenn er welche hat, und gibt Milch. Wenn er zu seiner Schwester ins nächste Dorf reisen will (drei Tagesritte), reitet er auf der Ziege.

Der Margarinier ist zu erkennen an seiner schwarzen Pelzmütze, der Baranina, die er erst tragen darf, wenn er seinen ersten Bären gefangen hat. Das geschieht etwa mit dreizehn Jahren. Er läßt ihn aber wieder laufen; denn zwischen den Margariniern und den Bären besteht eine tiefe, geheimnisvolle, wortlose Freundschaft. Sie kämpfen immer wieder gegeneinander, töten sich aber nicht. Nur dann tötet der Bär den Margarinier, wenn er spürt, daß der Margarinier zu schwach ist (zum Leben). Wenn der Margarinier alt ist, geht er zurück in die großen Wälder. Er versteht dann die Sprache der Füchse, der Tiere, die Vögel fressen ihm aus der Hand und nisten in seinen Taschen. Er kann etwas fliegen, kämpft seinen letzten Kampf mit dem Bären, und wenn der Bär ihn verlieren läßt, ist das ein Freundschaftsdienst.
Der Margarinier kann – wenn seine Lebenszeit um ist – aber auch davonfliegen. Er verschwindet dann in der Ferne.
Der Margarinier besitzt nur die Kleidung, die er trägt. Das ist eine Hose, ein Hemd, eine Pelzjacke aus Hammelfell, Stiefel und die Pelzmütze. Nur wenn es sehr warm ist, zieht er die Pelzjacke aus. Die Kleidung ist meistens geflickt. Die Flicken sitzen an den am meisten strapazierten Stellen, das sind: das Herz, die linke Schulter (durch das Tragen von Lasten), das Knie. Wo der Margarinier seine Flicken sitzen hat, daran kann man seinen Charakter erkennen.
Der Margarinier tötet nie. Und der Margarinier wehrt sich nicht, weil er so stark ist, daß er sich immer jederzeit wehren *könnte;* es kann ihm, so gesehen, also kaum ein Unrecht geschehen. Erst wenn ihm einer seine Hammelfellmütze vom Kopf haut, weiß er nicht mehr, was er tut. Wo er dann hinhaut, wächst kein Rhabarber mehr. Die Pelzmütze ist sein höchstes Gut, an dem er hängt. Er bekommt sie von seinem Vater. Er verschenkt sie nur dann an einen Freund, wenn er sich selber ganz damit verschenkt.
Unwiderruflich.
Der Margarinier tritt niemals in Rudeln auf, er ist immer *Einer*. Er ist allein am stärksten. Sein Gesetz ist die Freiheit. Erst wenn sie bedroht ist, entfaltet er seine ganze Kraft, und dann ist die Kraft unermeßlich.

Der Margarinier lügt nicht, er redet nur das, was sein muß, er trägt keine Brille, er stiehlt nicht. Außer dem einfachen Margarinier gibt es noch den margarinischen Baron und den margarinischen Räuber. Der margarinische Baron hat keine einzige der Eigenschaften des einfachen Margariniers. Der margarinische Räuber hat viele Eigenschaften des einfachen Margariniers, zieht sich meistens, wenn er genügend Reichtum hat, ins Privatleben zurück und wird Baron. Seine Nachkommen verlieren bald die margarinischen Eigenschaften.

In diesem Buch gibt es etliche Geschichten von berühmten Margariniern. Popov ist ein Margarinier, der im Alter in die Wälder ging und das Fliegen lernte. Der Besenbinder Pistole ist ein Margarinier, Josef Pistulka (wie er in einer anderen Version der Geschichte heißt) ist einer, denn er ist – genaugenommen, der gleiche.

Margarinien ist nur für freie Rabenseelen erreichbar.

Zauberzeichen

Es gibt Erlebnisse und Abenteuer, die kann man selbst nicht ganz verstehen und auch nicht beschreiben. Was du auch sagst, es ist nicht das, was du sagen willst und nicht das, was das Erlebnis war. Es war so ein Flimmern, ein Zauber war dabei, als ob alles schwebte! Aber was man nicht beschreiben kann, das kann auch hier nicht mit Worten beschrieben werden. Für manches reichen Worte nicht aus.

Du hast vielleicht an einem Teich oder Fluß gesessen, und der Himmel war ganz anders als sonst. Die Fische sprangen aus dem Wasser, das Schilf roch, alles war halb da und halb nicht da, aber dann wieder so stark da wie sonst nie. Und wenn du es einem erzählen willst, weißt du die Wörter nicht, du stotterst herum, und der andere sagt dir: »Du spinnst doch.«

Und dann wird es ungültig.

Wenn man zum ersten Mal fliegt, wenn man zum ersten Mal allein einem Tier gegenübersteht, auch wenn man einen Menschen irgendwo sieht – eigentlich überall kann so ein Abenteuer sich ereignen...

Meistens ist es damit aus, wenn man in die Schule kommt. Die Schule sorgt dafür, daß man es schnell vergißt, weil hier nur zählt, was man lesen und aufschreiben kann. Du kannst mit keinem darüber reden, die Mutter hat keine Zeit und keine Lust, der Vater hat auch keine Lust. Du kannst froh sein, wenn sie dir nicht alle sagen, du wärest ein Spinner.

Gut ist, wenn du einen Freund oder eine Freundin hast.

Das erste Mal durch den Wald schleichen oder das erste Mal ein Loch graben und dann in die Erde kriechen. Wie es da riecht! Und wenn man tiefer und tiefer graben würde, was dann wäre... Einmal wußtest du es genau.

Wer sich von der Schule nicht dumm machen läßt, behält seine Zauberformeln. Aber darüber reden, macht sie ungültig. Und manchmal erlebst du es später wieder, nur seltener. Aber das Flimmern ist immer gleich, die Zauberzeichen funktionieren.

Manchmal findest du sie ganz seltsam und etwas unheimlich irgendwo wieder. Du stehst vor einer alten Hauswand, es ist etwas draufgekritzet, was nichts darstellt, aber etwas bedeutet – das Flimmern ist wieder da. Oder auf einem Bild, das einer gemalt hat. Es gibt gemalte Bilder (nicht viele, aber es gibt sie), auf denen du das wiederfindest, was du nicht beschreiben und niemandem erklären konntest, sie stehen als Zeichen dafür, für eine Situation, für ein paar Sekunden – und wer sie erlebt hat, kann sie hier wiedererkennen. Wer sie nicht erlebt hat, erkennt sie nicht wieder – er braucht sie auch nicht darin zu suchen. Zauberzeichen kann man nicht suchen. Sie gelten nicht für jeden, und jeder hat andere Zeichen, die er versteht.
Du solltest das, was du keinem sagen kannst, malen. Weißt du. Es können magische Zeichen daraus werden. Und es aufheben! Nach zehn Jahren, nach zwanzig Jahren... wirst du es vielleicht wieder wissen. Dann hast du Glück gehabt.

Geschichten sind Geschichten

Geschichten erfinden ist schön, und zwar deswegen, weil du dir alles, alles ausdenken kannst, was du erleben möchtest und was du tun möchtest, wo du einmal sein möchtest, und es gibt keine Grenzen und kein Ende. Es gibt auch nichts, was nicht geht, in deinen eigenen Geschichten.
Jeder kennt einen ganz bestimmten Platz, wo ihm unendlich viele Geschichten einfallen. Manchen zum Beispiel fallen die Geschichten ein, wenn sie aus einem bestimmten Fenster – vielleicht bei Regen – über das Feld oder über die Dächer schauen. Jeder hat einen anderen Platz. Als ich drei Jahre alt war, war mein Platz die Holzwand von einem Entenstall. Die Sonne schien darauf, das Holz war heiß und vertrocknet, die Erde war warm, und es roch nach Enten- und Hühnerdreck, und ich saß dort auf der Erde, und mir fielen Geschichten von Zwergen und kleinen Erdmännern ein, wahrscheinlich, weil ich noch so nahe an der Erde war, 70 cm im Stehen und 35 cm im Sitzen.

Als ich neun war, war's eine Baumgruppe, weit in einem Feld, das bis zum Horizont leer war. Man mußte eine halbe Stunde über das freie Feld laufen, deswegen war dort kaum jemand – außer den vielen Tieren. Dort war mein Geschichtenplatz, oben auf einem Weidenbaum. Damals fielen mir Geschichten vom Fliegen ein. Nicht mit dem Flugzeug, sondern mit Flügeln!
Solche Geschichten, die dir an einem Fluß zum Beispiel einfallen, wenn du dem Wasser nachschaust, sind Traumgeschichten. Aber es gibt auch die Erlebnisgeschichten, die also, die du wirklich erlebt hast. Du kannst sie aufschreiben, wie sie wirklich waren – aber du kannst sie auch verschönern. Ich meine, du kannst etwas dazuerfinden; denn Geschichten sind Geschichten und kein Polizeireport. Sie sollen schön sein, man soll sie gerne lesen und man soll sich wundern. Oder lachen.
Am schönsten finde ich: Geschichten malen. Du malst ein Bild, denkst dir etwas aus – und schon ist es eine Geschichte ohne Ende. Wenn du so eine Geschichte erfindest und aufschreibst, mußt du sie ganz genauso aufschreiben, weil *du* sie weißt. Du brauchst niemanden zu fragen, wie du's machen sollst, keinen Lehrer, keine Mutter – denn deine Geschichten sind *deine* Geschichten, das ist deine Privatsache. Du darfst alles, alles genauso aufschreiben, wie du willst, du darfst alle Fehler machen, die dir zufällig aufs Papier kommen – es ist doch deine Geschichte, nur deine.

Male doch an diese leere Stelle einen Löwen! Das geht niemanden etwas an. Es ist *Dein* Löwe und *Dein* Buch. Er braucht niemandem zu gefallen. Nur dir.

Das Geheimnis des Herrn Josef

Vor etlichen Jahren wohnte ich einmal in einer Stadt, dort gab es einen sehr geheimnisvollen Mann: Herrn Josef. Seltsame Dinge fielen an ihm auf. Da war erst einmal das, daß jeder in dieser Stadt ihn schon immer kannte. Das heißt, jeder hatte ihn schon als Kind gekannt, und damals hatte Herr Josef schon so ausgesehen wie jetzt. Nicht jünger, nicht älter, trug die gleiche Jacke, die gleiche Hose – und keinen Hut. Viele erinnerten sich, daß ihre Väter und Mütter Herrn Josef auch schon gekannt hatten, als sie noch Kinder waren. Und deren Väter hatten ihn auch schon gekannt – und wahrscheinlich deren Väter und Großväter genauso, und Herr Josef hatte nie anders ausgesehen als jetzt.
Er ging durch die Straße, den Kopf etwas eingezogen, die Hände in den Jackentaschen, schlürfte etwas mit den Füßen über die Erde, schaute nicht links und nicht rechts, ging über die Brücke und kam nach einer Weile wieder den gleichen Weg zurück und ging ins Haus.
Zufällig wohnte ich im gleichen Haus wie Herr Josef. Nach der Jahreszahl, die oben am Giebel des Hauses stand, war dieses Haus 376 Jahre alt. Im Mieterverzeichnis fand ich Herrn Josef schon eingetragen, als das Haus zum ersten Mal bewohnt wurde – das heißt, daß Herr Josef mindestens 396 Jahre alt war. Aber genauso gut konnte er vierhundert Jahre, achthundert und tausend Jahre alt sein. Mir war das etwas unheimlich.
An Herrn Josef fiel weiter auf, daß er nie die Hände aus den Jackentaschen nahm. Als ich das zum ersten Mal bemerkte, ging ich ihm öfter nach. Ich schaute durch das Schaufenster, wenn er im Gemüseladen Gemüse holte, schließlich mußte

er doch bezahlen. Aber eh ich mich versah, lag plötzlich irgendwie abgezählt das Geld auf dem Ladentisch und das Gemüse steckte unter seinem Arm. Kam er heraus, ging die Ladentür auf und wieder zu, ohne daß ich sehen konnte, daß er die Hände aus den Jackentaschen genommen hätte. Herr Josef war ein Kriminaler. Er war Kommissar Josef von Scotland-Yard im Sonderauftrag in dieser Stadt – Quatsch! Das war nicht möglich, denn ein Kriminaler lebt nicht so lange. Aber warum hielt er in den Jackentaschen einmal den Revolver umklammert und in der anderen Tasche wahrscheinlich die Tabakspfeife? Auch das war Unsinn, denn woher wollte ich wissen, daß er überhaupt einen Revolver besaß?

Nein. Herrn Josefs Geheimnis war geheimnisvoller.

Und sehr seltsam an Herrn Josef war, daß er wohl Herr Josef hieß, aber nicht aussah wie ein Herr Josef. Wer so aussah wie Herr Josef, der mußte anders heißen. Der mußte – würde ich sagen – Herr Kolk oder Grabatsch oder Rabatin, ja! Rabatin heißen; denn ein Zigeunersprichwort sagt: »Wie du heißt, so siehst du aus.« Herr Josef verbarg ein Geheimnis; denn sein Name war eine Tarnung.

Wie Herr Josef aussah?

Er hatte kurze, pechschwarze, verworrene Haare, einen runden Kopf, eine lange Nase und Kohleaugen. Der Kopf saß zwischen den Schultern. Er trug immer die gleiche Jacke; sie war ihm zu groß, weite Hosen, beides von undefinierbarer Farbe, und Halbschuhe. Ein Hemd fiel an ihm nicht auf; ob er Strümpfe trug, weiß ich nicht, man sah jedenfalls keine. Herr Josef ging nie schnell. Und ich kannte Herrn Josef von irgendwoher! Ich wußte genau, ich hatte ihn schon oft gesehen, aber woanders. Bestimmt nicht in dieser Stadt, denn ich war zum ersten Mal hier.

Warum tarnte sich Herr Josef mit einem falschen Namen?

Warum nahm er die Hände nie aus den Taschen? Warum trug er nie einen Hut? Was hatte er in den Jackentaschen? Das alles war geheimnisvoll – und dann geschah etwas!
Herr Josef wohnte zufällig Tür an Tür neben mir, und ich lauschte oft an der Wand, um zu hören, ob er vielleicht Besuch bekam. Er bekam keinen Besuch. Er bekam keine Post, man hörte keine Musik bei ihm; er hatte also nicht einmal ein Radio. Und dann fiel mir auf: Herr Josef redete nie ein Wort. Ich fing an, herumzufragen, ob jemand je ein Wort von Herrn Josef gehört habe. Aber keiner konnte sich genau erinnern, ob ja oder nein. Er kaufte freilich einmal in der Woche etwas Gemüse und Fleisch, aber weder der Metzger noch die Gemüsefrau konnten genau sagen, ob Herr Josef etwas gesagt habe.
»Aber ich bitte Sie«, sagte die Gemüsefrau, »Herr Josef! Wir kennen Herrn Josef als Kunden schon ewig. Was soll er da viel sagen? Na!«
Ich bohrte mit dem Taschenmesser einen kleinen Spalt in meine Tür und legte mich auf die Lauer. Das heißt, ich setzte mich auf einen Stuhl hinter die Tür und lauerte Herrn Josef auf; er mußte schließlich einmal aus der Wohnung kommen und dann seine Tür abschließen und die Hände aus den Jackentaschen nehmen.
Ich wartete eine Stunde, zwei und drei Stunden. Bekam ich Hunger und holte mir etwas Brot – hörte ich, wie Herr Josef aus seiner Wohnung ging, klack klack, abschloß und verschwand.
Herr Josef konnte durch die Wände sehen.
Und wäre dann nicht dieses passiert, ich wäre Herrn Josef nie auf sein Geheimnis gekommen, und das war ein kolossales Geheimnis, das ich immer noch nicht ganz verstehen kann.
Was geschah?

Ich muß noch schnell sagen, daß ich natürlich auch versucht habe, mit Herrn Josef ins Gespräch zu kommen. Erst ganz einfach, indem ich ihn einmal auf der Brücke fragte: »Na, wie geht's?«

Er hob die Schultern, zuckte mit den Achseln, sah aus, als ob er etwas lächelte – und ging weiter.

»So lala«, sollte das wohl heißen.

Ging ich im Hausflur an ihm vorbei, sagte ich ganz verbindlich: »Pardon« oder »Ist doch sehr eng in diesen alten Häusern. Die Leute müssen früher wohl sehr schmal gewesen sein.«

Das sollte so ein kleiner Scherz sein, ich wollte sehen, ob Herr Josef wenigstens lachen konnte.

Nein. Er nickte mit dem Kopf und verschwand.

So ging's auch nicht. Ich wäre Herrn Josef nie auf sein Geheimnis gekommen, wenn dann nicht eines Tages etwas passiert wäre.

Herr Josef war – das erfuhr ich beiläufig von dem Mann, der bei der Brücke Boote vermietete und früher Fährmann an dem Fluß war, also schon an die siebzig Jahre alt, von dem erfuhr ich, daß Herr Josef Mitglied des Gesangvereins dieser kleinen Stadt war. Er erzählte mir, daß Herr Josef noch nie laut und deutlich gesungen habe, aber doch mit großer Leidenschaft dabei sei. Daß einmal im Jahr die besten Gesangsvereine der umliegenden Städte zu einem Sängerwettstreit hierher kämen und daß unser Verein hier immer, aber auch immer den Goldpokal ersungen hätte – außer zweimal, nämlich als Herr Josef *nicht* dabei war. Man weiß nicht warum, aber er war nicht erschienen. Ich grübelte, ich durchsuchte meinen Koffer, ob ich vielleicht etwas fand, was mich daran erinnerte, woher ich Herrn Josef kannte, was sein Geheimnis war, aber ich fand nichts. Nur eines wußte ich genau: Herr Josef erinnerte mich an

Gemüse Bl

ein Tier. Aber das ist nicht ungewöhnlich, denn fast jeder Mensch sieht aus wie ein Tier. Ich kenne einen Mann, der sieht aus wie eine Bulldogge, eine Frau, die sieht aus wie ein Geier, und Frau Blagull, unten aus dem Haus dort, sah aus wie eine Wachtel.

Ach ja! Und dann geschah das: Ich kam die Treppe herunter, vor mir ging Herr Josef, etwas schaukelnd, nicht schnell, nicht langsam, schloß gerade die Haustür hinter sich, natürlich nahm er die Hände nicht aus den Taschen – da steckte plötzlich Frau Blagull ihren Wachtelkopf unter der Treppe hervor und sagte sehr schnell: »Er ist ein Vogel, er ist ein Vogel, mehr will ich nicht sagen«, und verschwand.

Und da hatte ich's!! Herr Josef war ein Vogel. Mit einmal war alles durchsichtig – oder nicht? Vielleicht wurde das Geheimnis dadurch noch größer. Denn soweit stimmte alles: Herr Josef konnte die Hände nicht aus den Taschen nehmen, denn er hatte Flügel dran. Er hätte damit Aufsehen erregt, hätte vielleicht Ärger bekommen, neugierige Frager abwimmeln müssen und so weiter. Herr Josef aß als Vogel etwas Gemüse und etwas Fleisch. Herr Josef liebte als Vogel den Gesang. Herr Josef sah aus wie ein Vogel – und daher kannte ich ihn auch; denn ich hatte, bevor ich in diese Stadt zog, in einem Haus am Wald gewohnt. Ich hatte Gemüse gepflanzt und Tauben gehalten. Besuch bekam ich nie, also kannte ich alle Tiere und besonders die Vögel dort, und einer von ihnen war Herr Josef, und zwar ein Rabe. Ich war ganz sicher, ich täusche mich in solchen Dingen nie. Auch die Art der Nahrung, nämlich Gemüse und Fleisch, bewies mir, daß Herr Josef dieser Rabe war. Nur war dabei verwunderlich, daß Herr Josef schon so alt war. Meinte ich. Aber bald fiel mir ein, daß man gerade den Raben nachsagte, sie könnten bis zu

achthundert Jahre alt werden. Auf einer Insel in Griechenland zeigten mir die Fischer solche Vögel auf einem Felsen. Einerseits war ich meiner Sache ganz sicher, denn auch die Frisur war die eines Raben. Sein Gang war der eines Raben, und mir fiel jetzt auch auf, daß oft Raben über unserem Haus kreisten und Herrn Josefs Fenster immer, aber auch immer offen stand. War das so, weil er selbst manchmal wegflog, oder kamen ihn Freunde besuchen?
Als der Gesangswettstreit war, ging ich hin. Ich stellte mich unauffällig vorn in die erste Reihe und beobachtete Herrn Josef genau. Alle zehn Vereine standen im Kreis um den Marktplatz – und da fiel mir mit einmal auf, daß auf den Bäumen um den Platz, ganz ruhig und ohne ein Geräusch von sich zu geben, Raben saßen. Und als der erste Verein sein Lied sang, sah ich zum ersten Mal, daß Herr Josef die Rechte aus der Jackentasche genommen hatte und unauffällig damit dirigierte. *Und es war ein Flügel.* Und zwar dirigierte er die Raben auf den Bäumen. Keiner achtete auf ihn, denn es gab viel zuviel anderes zu sehen. Und ganz zart und leise krächzten die Raben auf den Bäumen mit den Sängern, so daß der Gesang nicht besonders schön klang. Das gleiche geschah beim zweiten und dritten Gesangverein. Nur als unser Verein an der Reihe war, hielt Herr Josef den Flügel in der Jackentasche, die Raben auf den Bäumen sangen nicht mit, der Gesang unseres Vereins klang rein und sauber – und wir bekamen den Pokal.
Aber wenn ich Herrn Josef kannte, warum tat Herr Josef so, als kenne er mich nicht? Nie schaute er mir ins Auge, nie nickte er mal nach Art der Raben mit dem Kopf. Ich ging hinter ihm her, als der Gesangswettstreit zu Ende war, und sah, daß seine Hose hinten etwas ausgebeult war, er also einen Rabenschwanz in der Hose hatte. Seine Beine waren auch schwarz, als er die Treppen hochging und seine Hose

einmal hochrutschte. Nein, nein, es gab keinen Zweifel mehr, Herr Josef war ein Rabe! Und außerdem, Frau Blagull hatte es gewußt – Frau Blagull war schließlich eine Wachtel, und ein Vogel wird doch wohl den anderen Vogel erkennen.

Ich fuhr dann eine Woche später in mein Haus, in dem ich früher gewohnt hatte. Es war schon ziemlich verfallen. Die Tauben hausten noch im Taubenschlag. Ich blieb eine Weile, hatte etwas Fleisch gekauft und es an den Rabenfutterplatz gelegt – und da sah ich ihn wieder. Herr Josef kam an. Segelte herunter, hackte das Fleisch auf und flog auf den nächsten Baum. Der Rabe hier war Herr Josef aus der Stadt dort. Und diesmal wußte ich es ganz genau, denn der Rabe hier hatte mich gegrüßt, er hatte mit dem Kopf genickt.

Ich weiß jetzt, wenn man das Geheimnis hat, ein Vogel zu sein, kann man an zwei Orten gleichzeitig leben: hier und woanders.

Geschenk für den Vogel

Nach dem Herbst kam der Winter ins Land. Der Schnee deckte alles zu. Das Holz lag unter dem Dach, und dann – es war ungefähr zu Weihnachten – ging der alte Popov auf den Vogelmarkt. Er hat einen Vogel gekauft. Einen grauen. Einen Hänfling. Markt war im Dorf. Der alte Popov zog seine Pelzjacke an, denn es war kalt. Setzte seine Pelzmütze auf und machte sich auf den Weg.
Über die Felder, durch den Schnee, in das Dorf und auf den Markt.
In jedem Jahr zu dieser Zeit, ungefähr zu Weihnachten, stand auf dem Markt immer an der gleichen Stelle ein Vogelhändler. Er hatte fast hundert Käfige aufgestellt. In manchen nur einen Vogel, in manchen mehrere. Und sie flatterten und wollten sich befreien, keiner sang.
Es war so kalt.
Der alte Popov stand lange vor den Käfigen. Er guckte jedem Vogel ins Gesicht, denn an den Augen konnte er erkennen, welchen Vogel er kaufen würde.
»Was ist mit dem da?« fragte er den Vogelhändler.
»Mit dem da?« fragte der Vogelhändler zurück. Denn da saß so ein kleiner, grauer, kümmerlicher Vogel auf dem Boden in einem kleinen Käfig. Er schaute vor sich hin und bewegte sich nicht. Wie tot.
»Hänfling«, sagte der Vogelhändler. »Singt nicht, piepst nicht, rührt sich nicht vom Fleck, kriegen Sie für einsfünfzig mit Käfig. Der Käfig ist noch stabil wie neu. Für den Vogel keine Garantie.«
»Käfig hab ich selber«, sagte der alte Popov, denn Käfige konnte er machen. »Was kostet er ohne?«
»Neunzig«, sagte der Vogelmann.

Das paßte genau, denn neunzig hatte Popov. Er hatte einen kleinen Käfig aus Holz unter der Jacke.
»Nehm ich«, sagte er, und der Vogelmann nahm den Hänfling heraus und steckte ihn in den Holzkäfig.
»Aber ohne Garantie. Das sag ich noch mal.«
Der alte Popov steckte den Käfig wieder unter die Jacke, damit der Vogel nicht fror und ging nach Hause.
Unterwegs blieb er von Zeit zu Zeit stehen und pustete warme Luft in den Käfig. Nahm ein paar Sonnenblumenkerne aus der Hosentasche, biß sie auf und legte sie dem Vogel vor den Schnabel. Aber er fraß nicht.
Zu Hause stellte er den Käfig auf den Tisch. In der Stube war es warm. Er gab dem Vogel Wasser, und bald trank er etwas. Aß etwas. Dann wurde es Abend, und die beiden saßen neben dem warmen Ofen. Der Vogel hatte sich wieder aufgewärmt und sang sogar etwas, aber er wollte hinaus. Ein Vogel ist zum Fliegen da. Und als die Nacht kam, nahm der alte Popov den Käfig, trug ihn vor die Tür, machte ihn auf und schenkte dem Vogel seinen Wald zurück. Der Vogel flog nicht hinaus in den Wald. Er flog nur aus dem Käfig und schlief unter dem Dach noch bis zum nächsten Tag.
In dieser Nacht träumte der alte Popov vom Himmel und daß der Vogel ein Stern war.

Ich bin ein großer Zottelbär

Immer wenn meine Mutter mich ärgert und sagt: »Du sollst deine Suppe essen! Du sollst die Ellenbogen vom Tisch nehmen! Du sollst nicht mit den Beinen schaukeln! Hast du deine Schuhe schon wieder ausgezogen?« – dann stehe ich auf und sage: »Hokuspokus hin und her – ich bin ein großer Zottelbär.«

Und dann gehe ich weg.

Vor der Tür treffe ich den gemeinen Hund Ringo-Bingo, der mich immer so frech anbellt. Ich sehe ihn scharf an; und er ergreift die Flucht, denn vor starken Bären fürchtet er sich. Natürlich.

Dann gehe ich in die große Schule, denn ich muß meinen Freund Peter Freese herausholen. Ich sage zum Herrn Direktor: »Heute ist hitzefrei. Heute fällt die Schule aus. Haben Sie mich verstanden?«

Ich glaube, der Herr Direktor fürchtet sich vor mir, weil ich ein großer Zottelbär bin.

Mein Freund Peter Freese geht in die Klasse eins a. Ich sage zum Peter Freese: »Wir gehen in die Stadt, und ich werde dir zeigen, wie stark ich bin, denn ich bin ein großer Zottelbär. Sag mir, was ich tun soll!«

Da gehe ich zum Verkehrspolizisten und sage: »Geben Sie mir sofort Ihre Mütze. Ich muß den Verkehr regeln, damit mir alle Autos gehorchen!«

Ich glaube, der Verkehrspolizist fürchtet sich vor mir. Weil ich so groß bin. Natürlich.

Dann halte ich alle Autos an. Ich sage: »Alle Autos bleiben ab sofort stehen, damit die Kinder auf der Straße anständig spielen können. Die Straßen müssen sofort freigemacht werden, habt ihr mich verstanden?«

Die Autofahrer steigen aus und sagen: »Ach bitte, lassen Sie uns doch weiterfahren. Wir müssen nach Haus, wir müssen abliefern, was wir eingekauft haben.«
Ich sage: »Nein, alle Autos bleiben stehen. Autos verpesten die gute Luft und stinken. Die Luft muß wieder sauber werden.«
Die Autofahrer sagen: »Aber wir müssen nach Hause zum Abendessen.«
Ich sage: »Nein, alle Autos bleiben stehen, damit die alten Leute wieder in Ruhe über die Straße gehen können.«
Der Verkehrspolizist sagt: »Ach bitte, geben Sie mir doch die Mütze wieder, sonst bekomme ich Ärger mit dem Oberwachtmeister.«
Aber ich sage: »Nein, die Mütze brauche ich, damit die Autofahrer mir gehorchen. Mir müssen alle gehorchen, denn ich bin ein großer Zottelbär.«
Mein Freund Peter Freese sagt: »Kannst du auch Auto fahren? Komm, wir kaufen uns ein rotes Auto, und dann zeig mal, ob du auch Auto fahren kannst!«
Ich sage: »Nein, wir kaufen uns ein blaues Auto.«
Ich sage zum Herrn Autoverkäufer: »Mich interessiert dieses Auto hier. Ich werde es kaufen.«
»Das rote?« sagt er. »Nein, das blaue. Wie hoch ist der Preis?«
»Es kostet nichts. Für Sie kostet es nichts«, sagt der Autoverkäufer, »denn es ist eine große Ehre für unser Haus, wenn so ein großer Zottelbär unser Kunde ist. Es ist auch eine große Reklame für unser Haus, wenn Sie damit durch die Straßen fahren. Bitte, steigen Sie doch ein, nehmen Sie doch Platz, der Wagen hat fünf Gänge. Sie können doch fahren?«
Natürlich kann ich fahren. »Das ist mein Freund Peter Freese, er darf mitfahren«, sage ich.

Und dann geht es los.
»Gute Fahrt noch, Herr Bär, und beehren Sie uns bald wieder!« ruft der Herr Autoverkäufer.
Dann machen wir eine gemütliche Landpartie. Wenn wir an einen Fluß kommen, weißt du, was ich mache? Ich nehme unser Auto und trage es hinüber. Der Peter Freese kann mir etwas helfen. Hinten, natürlich.
Und wenn wir an einem Unimog vorbeikommen, der in den Graben gestürzt ist, dann sage ich: »Alle einmal zur Seite treten.« Der Peter Freese kann solange bei unserem Auto warten.
Und ich hebe den schweren Unimog mit meiner ganzen Kraft alleine aus dem Graben. Natürlich.
Aber um sechs Uhr sage ich zum Peter Freese: »Du mußt jetzt nach Hause gehen, denn deine Mutter wartet schon auf dich. Und vergiß nicht, deine Schularbeiten zu machen.«
Und dann sage ich noch zu ihm: »Weißt du was? Du kannst das Auto allein behalten. Ich mache mir nichts aus Autos. Sie machen zuviel Krach und sie stinken. Du kannst es behalten. Hoffentlich kannst du damit fahren? Erster Gang, zweiter Gang, dritter Gang und dazwischen immer die Kupplung treten. Willst du schneller fahren, mußt du Gas geben. Du kannst doch hoffentlich fahren? Weißt du was, ich kann mir morgen ein viel größeres Auto holen.«
Und dann gehe ich alleine weiter. Ich gehe zu meiner Freundin Putti. Und ich gebe ihr einen schönen Schmatz.
Dann erzähle ich ihr alles, was ich heute getan habe.
Sie sagt: »Oh, du bist ja ein großer Zottelbär!«
Aber der Hansl bin ich auch.

Das starke Auto Ferdinand

Einmal fuhr der Ferdinand
zu seiner Tante auf das Land.
Er sagte: »Ich bin einer,
der ist so stark wie keiner.«

Der Traktor fiel in einen Fluß,
damit ihn einer retten muß.
Der Ferdinand, der sieht ihn,
er nimmt ein Seil und zieht ihn.

Die Oma und der Opapa,
die reisen nach Amerika.
Der Ferdinand, der sieht sie,
er nimmt ein Seil und zieht sie.

Der Ochse mit dem Ochsenkarren
will keine sieben Säcke fahren.
Der Ferdinand, der sieht ihn,
er nimmt ein Seil und zieht ihn.

Da kommt der freche Florian
und hängt sich auch noch hinten dran.
Das dicke Seil, das kracht,
der Florian der lacht.

Am Abend sagt der Ferdinand
zu Haus in seinem Nachtgewand:
»Ich zieh nämlich die ganze Welt,
wenn das dicke Seil nur hält.«

Der Tod und der Gänsehirt:

Einmal kam der Tod über den Fluß, wo die We
beginnt. Dort lebte ein armer Hirt, der
eine Herde weißer Gänse hütete.
„Du weißt, wer ich bin, Kamerad?"
fragte der Tod.

Der Tod und der Gänsehirt

Einmal kam der Tod über den Fluß, wo die Welt beginnt. Dort lebte ein armer Hirt, der eine Herde weißer Gänse hütete.
»Du weißt, wer ich bin, Kamerad?« fragte der Tod.
»Ich weiß, du bist der Tod. Ich habe dich auf der anderen Seite hinter dem Fluß oft gesehen.«
»Du weißt, daß ich hier bin, um dich zu holen und dich mitzunehmen auf die andere Seite des Flusses.«
»Ich weiß. Aber das wird noch lange sein.«
»Oder wird nicht lange sein. Sag, fürchtest du dich nicht?«
»Nein«, sagte der Hirt. »Ich habe immer über den Fluß geschaut, seit ich hier bin, ich weiß, wie es dort ist.«
»Gibt es nichts, was du mitnehmen möchtest?«
»Nichts, denn ich habe nichts.«
»Nichts, worauf du hier noch wartest?«
»Nichts, denn ich warte auf nichts.«
»Dann werde ich jetzt weitergehen und dich auf dem Rückweg holen. Brauchst du noch etwas, wünschst du dir noch was?«
»Brauche nichts, hab' alles«, sagte der Hirt. »Ich habe eine Hose und ein Hemd und ein Paar Winterschuhe und eine Mütze. Ich kann Flöte spielen, das macht mich lustig. Meine Gänse verstehen nicht viel von Musik.«
Als der Tod nach langer Zeit wiederkam, gingen viele hinter ihm her, die er mitgebracht hatte, um sie über den Fluß zu führen. Da war ein Reicher dabei, ein Geizhals, der Zeit seines Lebens wertvolles und wertloses Zeug an sich gerafft hatte: Klamotten, auch Gold und Aktien und fünf Häuser mit etlichen Etagen. Der Mann jammerte und zeterte: »Noch fünf Jahre, nur noch fünf Jahre hätte ich

gebraucht, und ich hätte noch fünf Häuser mehr gehabt. So ein Unglück, verfluchtes!« Das war schlimm für ihn.
Ein Rennfahrer war unter ihnen, der Zeit seines Lebens trainiert hatte, um den großen Preis zu gewinnen. Fünf Minuten hätte er noch gebraucht bis zum Sieg. Da erwischte ihn der Tod.
Ein Berühmter war dabei, dem ein Orden gefehlt hatte, nur ein einziger Orden, für den er Jahre aufgewendet hatte, da holte ihn der Bruder Tod. Das war schlimm für ihn.
Dann war da ein junger Mensch, der hatte an seiner Braut gehangen, denn sie waren ein Liebespaar gewesen, und keiner konnte ohne den anderen leben. Ein schönes Fräulein war dabei mit langen Haaren. Und viele Reiche, die jetzt nichts mehr besaßen, und noch mehr Arme, die jetzt auch nicht das besaßen, was sie gerne hätten haben wollen.
Ein alter Mann war freiwillig mitgegangen. Aber auch er war nicht froh, denn siebzig Jahre waren vergangen, ohne daß er das bekommen hatte, was er hatte haben wollen. Schlimm für sie alle.
Als sie an den Fluß kamen, wo die Welt aufhört, saß dort der Hirt. Und als der Tod ihm die Hand auf die Schulter legte, stand er auf, ging mit über den Fluß, als wäre nichts, und die andere Seite hinter dem Fluß war ihm nicht fremd. Er hatte Zeit genug gehabt, hinüberzuschauen, er kannte sich hier aus, und die Töne waren noch da, die er immer auf der Flöte gespielt hatte; er war sehr fröhlich. Das war schön für ihn.
Was mit den Gänsen geschah? Ein neuer Hirt kam.

Ein verzauberter Sommer

Der Hansel Pfefferle lungerte den ganzen Tag hinter den Häusern herum. Weil er nicht in die Schule gehen mußte. Weil er noch nicht sechs war. War erst fünf. Erlebte den ganzen Tag tolle Geschichten, die ihm keiner glaubte, wenn er sie erzählte, aber wahr waren sie doch. Zum Beispiel ist diese Geschichte wirklich passiert. Und zwar wohnte er in einem Häuserblock. Alte Häuser, eins am anderen, und hinten, das letzte Haus, hat eine große, riesige Wand. Oben kommt man nicht hin, aber unten kann man kritzeln, soviel man Lust hat. Mit Kreide, mit Farbe, mit Steinen, mit Ziegelsteinresten, mit Nägeln, mit Eisen, mit Blech.

Hansel Pfefferle stellte sich manchmal davor und las, was alles darauf gemalt stand. Dazu muß man nicht erst in die Schule gehen, man kann auch lesen, was man auf die Häuserwand selber geschrieben hat, auch was die anderen draufgeschrieben haben. Das ist wahr, da führt kein Weg daran vorbei. Man kann das von selber, das kann jeder Mensch, er muß sich nur hinstellen.

Und jetzt fängt die Geschichte an:

Einmal, an einem Sommertag, als alle wieder in der Schule waren und der Hansel Pfefferle durch die Höfe streifte und Abenteuer suchte, kam er zu der riesig großen Hauswand. Er war ganz allein. Die Sonne schien warm, und die Hühner wühlten sich in den Staub. Der Hansel Pfefferle hatte ein Stück Ziegel und ein Stück weiße Kreide. Der Ziegel galt für rote Kreide.

»Ich male einen Kampf, Indianer gegen Cowboys.«

Er kritzelte etwas herum, die Wand war schon zu sehr vollgemalt, war nicht mehr viel zu erkennen.

»Ich schreibe was hin. Wer kann das lesen?«
War keiner da. Er guckte sich um. Da saß ein alter Mann hinter ihm auf einer Kiste, stützte sich auf seinen Stock. Den kannte er, der ging hier immer herum, der wohnte auch in einem Haus. Nach hinten heraus in einer Stube, unten. Mit alten Männern kann man manchmal gut reden. Sie müssen nur erst merken, daß man sie nicht zum besten halten will.
»Du, ich kann schreiben«, sagte der Hansel Pfefferle. »Geheimschrift. Die kann keiner lesen.«
Der alte Mann sagte nichts. Der war vielleicht nicht gewöhnt, daß einer vernünftig mit ihm redet. Beim Hansel zu Haus hatten sie auch einen Opa gehabt. Früher, jetzt ist er tot, aber mit dem haben sie auch nicht geredet. Suppe hingestellt, Brot gegeben, dann ist er gestorben.
»Willst du mal lesen, was da steht?«
Der Alte hieß Grusinek, das wußte der Hansel, weil die Leute ihn hier alle kannten. »Der alte Grusinek«, so hieß er einfach.
»Kannst du zaubern, Grusinek?«
»Etwas«, sagte der alte Grusinek. »Aber nicht viel. Setz dich mal her!«
Der Hansel Pfefferle setzte sich auf eine andere Kiste neben den alten Mann; er hat es doch gewußt, man muß nur vernünftig mit so einem Alten reden, dann kann man viel erfahren.
Manche alte Männer sind früher einmal Seeräuber gewesen, nur erzählen sie das keinem. Oder sie waren in Afrika, haben in der Wüste Löwen gejagt. Das sieht man ihnen nicht an, weil sie jetzt alt sind. Oder so ein Ringkämpfer Manzaroni – jetzt ist er vielleicht schon hundert Jahre und hat keine Muskeln mehr. Mit solchen alten Leuten kannst du deine Wunder erleben, Junge!

»Weißt du, das ist eine Geheimschrift. Warst du mal in Amerika?«
»Dreimal.«
Warum die nicht gern erzählen wollen? Der Opa, der früher mit beim Hansel Pfefferle gewohnt hat, wollte manchmal immer etwas erzählen, aber die Mutter vom Hansel hat dann immer gesagt: »Jajajaja, Opa, das hast du schon erzählt, das wissen wir schon.«
Vielleicht ist dieser alte Mann hier, der Grusinek, ein Haudegen gewesen. Hat vielleicht einmal ganz große Abenteuer erlebt.
Der Grusinek schob seine Kiste dicht an die Wand und guckte sie lange an. An manchen Stellen war der Putz weg und unten drunter kam die Farbe von einer Stube heraus. Der alte Grusinek nahm ein Taschenmesser aus der Tasche, denn alte Männer haben immer ein Taschenmesser bei sich, kratzte noch ein Stück Putz weg, die Farbe von der Stube, es war noch eine Schicht Farbe darunter: »Früher stand hier noch ein Haus. Nach dem Krieg wurde es weggerissen. Ich habe gesehen, wie die Häuser gebaut wurden. Wie heißt du?«
»Hansel Pfefferle. Kannst du lesen, was auf der Wand geschrieben steht?«
»Ja. Und dann weiß ich ein kolossales Geheimnis, du.«
Er holte aus der Westentasche ein rundes Glas, wohl herausgefallen aus einer Brille, und guckte sich die Wand ganz aus der Nähe an. Wie mit einer Lupe.
»Wenn so eine Wand alt ist, hat sie viele Schichten, weißt du. Farbe, Tapete, Putz«, sagte der alte Grusinek. »Jetzt paß auf. Du kennst doch einen Fotoapparat. In dem Fotoapparat ist ein Film, das ist wie eine Fläche, wie ein Bild. Und klack! draußen passiert etwas, das Bild wird auf der Fläche festgehalten, ist auf dem Foto zu erkennen, und

du kannst sehen, was damals passiert ist. Und jetzt paß auf, ich erzähle dir das Geheimnis. Wenn ich hier die Schicht wegkratze, kommt unten drunter eine hellblaue Zimmerwand durch, siehst du das?«
Er kratzte mit dem Taschenmesser eine Schicht weg, bis ein größeres Stück blaue Zimmerwand zu sehen war.
»Und wenn du lange mit meiner Lupe hinschaust, kannst du erkennen, was alles passiert ist, als die Wand hier noch blau war. Weil die Wand es aufgenommen hat. Da!«
Und dann gab er dem Hansel Pfefferle das runde Glas, und der Hansel guckte sich die Wand an.
»Einmal wohnten hier ein Mann und eine Frau und drei Kinder. Der Mann war ein Wilddieb. Und da, hier, plötzlich, eines Nachts – die Tür aufgerissen, die Frau schreit – da stürzt... Du kannst jetzt, wenn du dir die blaue Mauer lange anguckst, kannst du die ganze Geschichte erkennen.«
Er gab dem Hansel Pfefferle das runde Glas: »Du kannst es vorläufig behalten. Ich gehe eine kleine Runde zu den Gärten, dann komme ich zurück, und du liest mal die Geschichte zuende.«
Ging weg, der alte Mann, und der Hansel Pfefferle guckte sich die Wand genau an. Er konnte eine ungeheuerliche Geschichte erkennen. Mit Verfolgung im Wald, von einem, der in den Teich stürzt... Büchsen knallen...
Der Hansel kratzte mit einem Stück Blech noch ein anderes Stück von der Wand ab, und eine gelbe Farbe kam zum Vorschein.
Jetzt kam der alte Grusinek auch schon wieder. »Zeig mal her!«
Er guckte selbst durch das Glas.
»Die habe ich noch selber gekannt, die hier in dem gelben Zimmer wohnten. Ein riesiger Kerl, der Mann, Muskeln

wie Eisen. Eines Tages gingen wir beide nach Kanada. War vor fünfundfünfzig Jahren. Wir hatten keine Arbeit und wollten Gold suchen. Und wir waren auf einem Schiff... Ich gehe jetzt noch eine Runde durch die Gärten, und wenn ich wiederkomme, hast du die Geschichte schon selber gelesen.«

Der alte Grusinek war also in Kanada Gold suchen. Das war ungeheuerlich interessant. Und keiner hier von all denen wußte es, nur der Hansel Pfefferle. Und wenn er sich die Wand lang anguckte, konnte er wieder eine kolossal abenteuerliche Geschichte lesen. Von riesigen Wäldern und zwei Männern, Muskeln wie Eisen. Der Grusinek konnte bestimmt toll schießen.

»Krrrrch pang boing penk penk!«

Der starke Mann war von einem Panther bedroht worden, aber da nutzte ihm seine Kraft nichts, denn Pantherzähne sind scharf und spitz. Aber da! Sein Freund: Peng peng krrrch pang... getroffen!

Jetzt erfand der Hansel Pfefferle etwas, was vor ihm noch keiner erfunden hatte. Er konnte, wenn ein Abenteuer nicht gut ausging, mit seinem Stück Ziegel alles noch zum Guten wenden. Er malte einen Strich von oben nach unten mit einem Kreis, ein Kreuz durch – ein magisches Zeichen. Eine Zauberformel. Die Bedrohung war nicht mehr gefährlich.

Er hatte gar nicht bemerkt, daß der alte Grusinek schon lange hinter ihm saß und alles verfolgte.

»Ja, das ist wahr. Und jetzt noch hier so!« Er malte mit der weißen Kreide einen Ring um die gelbe Wand. »Jetzt sind sie eingekreist.«

Ringsumher waren Feinde, aber sie kamen durch den weißen Ring nicht durch, weil es ein magischer Ring war. Auch Pfeile und Flintenkugeln konnten nicht über ihn weg.

Sie prallten ab. Der starke Mann und Grusinek blieben Sieger.
»Wie hieß der Mann, Herr Grusinek?«
»Alexander, der starke Alexander von Berlin-Steglitz. Er war in Berlin-Steglitz geboren. Einmal, als wir in Kanada nichts mehr zu essen hatten, führten wir in den Saloons und auf den Plätzen vor, wie er Ketten zerriß. Er konnte eine dicke Kette hier! so dick wie ein Daumen, die konnte er zerreißen. Er konnte mit einer Hand einen kleinen Lastwagen anheben. Ich sammelte Geld in einem Hut, und dann hatten wir wieder etwas zu essen.«
Warum ließen sich die anderen Leute hier in den Häusern nicht die tollen Geschichten vom alten Grusinek erzählen?
»Kannst du lesen, was ich mit meiner Geheimschrift geschrieben habe, Herr Grusinek?«
Der Grusinek nahm die Lupe und hielt sie über die Wand.
Der Hansel malte schnell noch einen Kreis mit einem Strich an die Stelle, wo er hinsah und sagte: »Das war noch nicht ganz fertig. Jetzt.«
Der Herr Grusinek konnte es sofort lesen. – »Ein Seeräuberschiff... Sturm... ein anderes Schiff wird vom Sturm auf das Seeräuberschiff geworfen... Sie kämpfen um ihr Leben...«
»Hier, warte, noch etwas dazu! War noch nicht fertig.«
Der Hansel Pfefferle malte mit der roten Kreide schnell etwas dazu.
»Aha!« sagte der Herr Grusinek, »zwei werden gerettet. Werden auf eine Insel geworfen...« Dann stand er auf, ging noch einmal weg, und der Hansel Pfefferle schrieb die Geschichte in seiner Geheimschrift zu Ende. Die zwei auf der Insel, was sie dort erlebten, wie sie ohne Streichhölzer Feuer machten. Wie sie Fische fangen lernten, ohne Netz und ohne Angel. Dann kamen die Eingeborenen. Einer

von den beiden konnte zaubern und rettete ihnen dadurch das Leben...
Sie verpaßten die Mittagszeit, und der alte Grusinek brachte für jeden eine Semmel mit Käse mit. Er konnte von jeder Geschichte den Anfang lesen, und Hansel Pfefferle zeichnet sie zu Ende und las ihm das Ende vor.
Am Abend sagte der alte Grusinek: »Du kannst das magische Entfernungsglas behalten. Ein Geschenk. Dann bis morgen!«
Sie trafen sich jetzt an jedem Tag, wenn die Sonne schien. Sie malten Geschichten an die Wand und lasen aus der Wand heraus, was hier einmal passiert war. Der Herr Grusinek hat selber viele von den Leuten gekannt, die hier gewohnt haben, der Herr Grusinek war ein toller Kerl!

Das wurde der schönste Sommer in Hansel Pfefferles Leben; denn danach mußte er in die Schule gehen. Wenn er dort die magischen Zeichen, die er vom Grusinek gelernt hatte, dem Lehrer beibringen wollte und ihm erklärte, was damit alles geschehen konnte, sagte der nur: »Nun laß das mal, Pfefferle, das ist Firlefanz. Hier lernst du richtig schreiben.«
So einen wie den Herrn Grusinek gab es in der ganzen Schule nicht. Und so ein Geheimnissommer wie der mit dem Herrn Grusinek wird Hansel Pfefferle wohl in seinem ganzen Leben nicht mehr erleben. Schade ist das.

Ich male einen Bauernhof

Ich male einen Bauernhof
und eine bunte Kuh.
Dann mal ich einen Gockelhahn
und noch ein Pferd dazu.
Ich such mir eine Bauersfrau
und geh ins Haus hinein.
Ich zünd ein warmes Feuer an
und will ein Bauer sein.

Löwe, spring durch den Ring

Ein Zirkus ist in unserer Stadt,
der hundert große Tiere hat.

Der Elefant ist groß und schlau,
hat Zähne, und sein Fell ist grau.

Die Maus fährt auf dem Mäuserad,
weil sie keine Schuhe hat.

Der starke August ist ein Mann,
der einen Vogel heben kann.

Der Löwe schläft. Das Spiel ist aus.
Und alle Kinder gehn nach Haus.

Der doppelte

OTTO

Eine Moritat.

Der freche Otto ist ein Lümmel,
der gerne kleine Kinder haut.

und jeden Tag bei dem Getümmel
dem Bauern eine Birne klaut.

Er hänselt Menschen,
spuckt auf Zwerge,

Und wirft den Vögeln Steine nach.
Er legt wie tot sich auf die Erde,

Und macht mit der Trompete
Krach

Da sprach der freundliche Herr Schmitt:
"Mein lieber Junge, komm mal mit!
Ich hab' zu Haus einen Komputer.
Und alles, was ich will, das tut er.

Gehst du in diese Tür hinein,
kannst du sofort ZWEI OTTOS sein."
der Otto denkt: "Das wär
kein Pech. Dann wär
ich nämlich doppelt frech."

Er geht hinein....
sie kommen raus...

und so geht die Geschichte aus.

Der Rabe Josef, wie er geboren wurde, vom unteren und vom oberen Josef und wie Josef zu den Menschen kam

Der Rabe Josef ist kleiner als seine Brüder und anders. Sie verstehn nicht seine Sprache; denn sie lernen nichts, sie krächzen nur immer ihr einfaches Krä, interessieren sich nur für Fressen und das Sammeln von unnötigem Glitzerkram, aber Josef interessiert sich für die höheren Dinge. Fliegt hinauf in die unendliche Weite des Himmels, lernt den Höhen-Kunst-Flug, baut sich Höhenflugflügel und wird großer Himmelsmeister. Perfekter Flugkünstler. Um sich mit seinen Brüdern zu verständigen, baut er sich eine Rabenverständigungsmaschine.
Er lebt am Anfang in der Rabenwelt. Später geht er unter die Menschen und geht in die Schule, wo er der große Freund derer wird, die einen Freund brauchen. Er ist ein Philosoph. Er zeigt, wie man alle Probleme bewältigen kann. Josef ist an nichts gebunden, er ist die freie Rabenseele, er ist nicht an die Zeit gebunden, und kann an verschiedenen Orten gleichzeitig sein.

Wie der Rabe Josef das Licht der Welt erblickt, es aber nicht sieht und wie er seinen Namen bekommt

Auf dem großen Rabenvaterbaum, wo die Raben der Welt zur Welt kommen, lagen im obersten Nest sieben Eier. In sechsen saßen Josefs Brüder und im siebten war er. Und als es soweit war und die gute Rabenmutter lange genug auf den Eiern gesessen hatte, schlüpften die sieben Rabenkinder aus, sechs von ihnen zuerst und dann zuletzt Josef.

Aber als er das Licht der Welt erblickte, sah er es nicht; denn seine frechen Brüder waren vor ihm aus den Eiern geschlüpft und saßen groß und breit und dick auf ihm.
Und so kam es, daß Josef die Welt zuerst für ein großes, schwarzes, finsteres Loch hielt.
Sie trampelten ihm fast die Knochen aus dem Leib. Saßen breit und bequem auf ihrem kleinen Bruder, als ob er ein Sofa wäre. Nur manchmal, wenn einer von ihnen seinen Hintern hob, kam etwas Sonnenlicht nach unten, und von da an glaubte Josef, daß die Welt schön sei. Und er wartete. Ließ die Zeit kommen, wie sie kam, linste bald auch mal über den Nestrand, wenn einer seiner dicken, frechen Brüder sein Hinterteil einmal beiseite nahm und freute sich an der wunderbaren Sonne, die er für einen Rabenblick lang sah. Dann wurde es wieder finster für ihn.
Die gute Rabenmutter fütterte seine dicken, fetten Brüder mit Regenwürmern, Gemüse und Käfern, und die fraßen und fraßen und fraßen; für Josef unten im Nest blieb nur das, was daneben fiel, aber das machte ihm nichts aus.
»Wer viel frißt«, dachte er, »wird schnell dick. Wer am dicksten ist, muß zuerst aus dem Nest, fällt wie ein Kloß nach unten, und es fressen ihn die Hunde.«
Und weil die dicken, frechen Brüder so schnell und viel fraßen, wurden sie auch schnell groß und rund. Noch waren ihre Schnäbel größer als ihre Rabenköpfe, und weil sie so große Schnäbel hatten, sagte die gute Rabenmutter: »Wird Zeit, daß ihr anständig sprechen lernt. Sagt mal: Krä!«
»Krä.«
»Kräkrä.«
»Kräkräkrä.«
Die Rabenkinder krächzten und plapperten – nur Josef nicht. Er saß unter seinen Brüdern, seine gute Rabenmutter hatte ihn vielleicht noch gar nicht gesehen und kannte

ihn nicht. Erst als zwei von ihnen aus dem Nest kletterten und sich auf einen Zweig setzten, sagte der gute Rabenvater: »Da ist ja noch einer. Ja, nimmt das denn überkaupt kein Ende. Hast du den schon gesehen, Frau?«
Jetzt mußte Josef auch das Krächzen lernen.
»Sag mal Krä!«
Josef sagte: »Röra Röra.«
»Krä krä.«
»Rorä rorä.«
»Nein. Guck mal auf meinen Schnabel, wie ich das mache: Krä. Krä.«
»Rorä rorä rorä.«
Da lachten die dummen Rabenbrüder wie im Kino. »Rorä – habt ihr das gehört?«
Und seitdem nannten sie ihn nur Rorä. Oder Jorä. Oder Josä. In der Weltsprache: Josef.
Josef.
Er sprach nicht die Sprache seiner Brüder, er fraß nicht wie seine Brüder, er war ganz anders, und die gute Rabenmutter sagte mehr als hundertmal: »Ich weiß nicht, nach wem das Kind geht. Von mir hat er das jedenfalls nicht, und meine Eltern waren auch in Ordnung.«

Der obere Josef und der untere Josef vom Teich

Wenn Josef in einsamen Höhen und grenzenloser Freiheit über den Wäldern kreiste, wenn die anderen Raben so weit weg und unter ihm waren, daß er sie mit der schärfsten Brille nicht hätte sehen können, dann wünschte er sich manchmal doch, einen Freund zu haben. Einen, der neben ihm fliegt, der seine Sprache versteht und mit dem er sich etwas unterhalten könnte.

»Rörörökräh rrööörööö.«
»Krarökrarö krarööööö.«
Einmal kreiste Josef über einen Teich. Das Wasser war glatt wie ein Spiegel, denn da war kein Wind. Der Himmel war sauber, und er konnte meilenweit sehen. Da sah er unten im Wasser einen Raben, der genau so gut fliegen konnte wie er, der Josef. Josef segelte den Mauerseglergleitflug mit dreifacher Schleife, und der untere Rabe im Wasser machte es ihm nach. Er schlug den doppelten Rückwärtssalto, flog die Sperberkapriole und den Sturzflug für Falken – der untere Rabe machte es ihm nach. Und als Josef ihm mit dem Flügel winkte, winkte der zurück.
»Rökrö rökrö.«
Der rief zurück: »Rökrö rökrö.«
Josef winkte ihm hinüber zum Ufer: »Dorthin! Da hinüber, flieg' dahinüber.«
Zum Zeichen, daß er's verstanden hatte, winkte der andere zurück. Fabelhaft flog er. Josef segelte zum Ufer und setzte sich auf einen Ast, der dort aus dem Wasser herausragte. Der Freund, der untere Josef, segelte auch dorthin und setzte sich dem oberen Josef gegenüber. Jetzt sah der obere Josef, daß sein Freund genauso war wie er. Er trug die Frisur wie er, nämlich nicht nach Rabenart, sauber und gestriegelt und nach vorn gekämmt, sondern kreuz und quer durcheinander in ungekämmter Freiheit – wie die Seeräuber, die Fischadler auf den Klippen.
»Krörööro röööökrahröööökrah.«
»Krörööro röööökrahröööökrah.«
Sie konnten gut zusammen reden. Freilich war der obere Josef nicht dumm. Er wußte längst, daß er es selber war, dem er da gegenüberstand. Er hatte sich selbst getroffen, und was konnte er Besseres tun, als sich mit sich selbst zu vertragen? Er kam jetzt jeden Tag hierher zu dem Teich

und redete mit dem da unten. Und weil der seine Sprache genau verstand und auch genauso antwortete, konnte Josef seinen Wortschatz vergrößern. Jeden Tag lernte er etliche Wörter dazu; der untere Josef lernte sie mit, verstand sie, und bald konnte Josef reden wie ein Rechtsanwalt.
»Rororirära riariariaro röra ..«
»Rororirära riariariaro röra ..«
Zu zweit lernt es sich leichter.
Dann flog er hoch hinauf und führte seine Flugkünste vor. Der untere Josef machte es ihm nach, und der obere Josef trug mit dem unteren einen Wettkampf aus.
Was der obere konnte, machte der untere nach, so daß der obere den unteren wieder übertreffen mußte. So verfeinerte er seine Flugkunst von Tag zu Tag immer mehr, da war wohl kein Vogel über den Wäldern, der die Flugkunst so fabelhaft beherrschte wie er, Josef. Außer, der untere Josef natürlich. Aber das war ja auch er selbst.
Aber dann, eines Tages, gerieten sie in einen Streit. Der obere Josef hatte schlechte Laune, ein Wurm hatte ihn wohl im Hals gekratzt beim Frühstücken, und er krächzte den unteren Josef an.
»Kräkräkrä.«
Der meckerte zurück:
»Kräkräkrä.«
Das konnte der obere Josef aber gar nicht vertragen. Wenn ihm einer so kam, dann konnte er noch ganz anders werden.
»Kräkäräkräkkäräää.«
»Kräräräkräkkäräää«, schrie der untere Josef zurück.
Kurzum, die beiden schrien sich gegenseitig an: räääääää und krääääää! Schließlich geriet der obere Josef so in Wut, daß er sich auf den unteren Josef stürzte und im Dreck landete. Voller Schlamm kam er wieder aus dem Wasser,

konnte kaum noch fliegen, hatte seine Höhenflugflügel verloren, sah aus wie ein jämmerlicher, halb ersoffener Sperling, und als er sich überlegte, was er da getan hatte, nämlich gegen sich selber gekämpft, schämte er sich. Vor dem unteren Josef, und der war er selber, also vor sich selber. Aber jetzt hatte er es gelernt, sich mit sich selber zu vertragen. Streit mit sich selber hindert am Höhenflug, zertrümmert die Superflügel, macht den besten Flugkünstler lahm wie eine Ente. Aber da war er sein bester Freund, und die beiden kreisten zusammen in unendlichen Höhen und in der großen Freiheit des Himmels.

Wie Josef den frechen Hecht besiegt, und zwar nicht im Kampf

Josef flog jetzt öfter zu dem Teich, um sich selbst zu besuchen. Das war eine große Freundschaft, echt wie Gold. Was der obere Josef tat, tat der untere auch, und was der eine sagte, verstand der andere so gut, als hätte er's selber gesagt.

Bis dann eines Tages etwas geschah! In dem Teich nämlich lebte ein Hecht. Ein frecher, unverschämter Störenfried, der in seinem Teich machte, was er wollte und die ungetrübte Freundschaft der beiden Josefs schon lange beobachtet hatte.

Eines Tages saß der obere Josef auf seinem Ast und sagte schön und friedlich zu sich selbst: »Rörörökraha rö.«

»Rörörökraha rö.«

Soweit war alles in Ordnung. Mit einmal wirbelte das Wasser auf, es quirlte und sprühte, und der andere Josef da unten war weg. Und zwar hatte der freche Hecht aus dem Teich sich einen Spaß erlaubt und den unteren Josef

zerstört – schwamm weg und feixte aus einiger Entfernung aus dem Wasser.
»Wenn du das noch einmal machst«, schrie der obere Josef, »dann wirst du etwas erleben, was du noch nicht erlebt hast.«
Na gut, das Wasser wurde wieder ruhig, und der untere Josef war wieder da.
»Röröroroоro rörö.«
»Röröroroоro rörö.«
Soweit war wieder alles in Ordnung. Mit einmal warf das Wasser wieder Wellen, wirbelte und quirlte, und der untere Josef verschwand. Jetzt wartete der freche Hecht auch nicht mehr in der Ferne, sondern jagte wie ein wildgewordener Hahn im Wasser hin und her.
Der obere Josef geriet darüber so in Wut, schrie: »Das hast du Lump zum letzten Mal gemacht, deine letzte Stunde hat geschlagen.« Und er stürzte sich ins Wasser, was den Hecht natürlich nur freuen konnte; denn er schwamm etwas tiefer und feixte den Josef an, wie der naß und jämmerlich froh war, daß er aus dem Wasser überhaupt wieder hinauskam. Schwamm ganz nahe an ihn heran, als er am Ufer das Wasser aus den zerrupften Federn schüttelte und grinste. Wartete dieses Mal, bis das Wasser sich beruhigt hatte und der obere Josef sehen konnte, wie armselig der untere Josef da aussah.
Josef ordnete seine Federn, putzte die Höhenflugflügel, und bald war soweit wieder alles in Ordnung.
»Röröröгrörrrö rah, röröröгörah.«
»Röröröгrörrrö.«
Der Hecht wartete, bis die schöne Waldstimmung am Teich so friedlich war wie an einem Sonntag, dann schoß er wie ein Blitz durch das Wasser und zerstörte Josefs Bild schon wieder.

Josef in seiner Wut stürzte sich, ohne zu überlegen, mit Krallen und Flügeln und dem spitzen Schnabel auf den elenden Halunken.
Der Hecht war weg, war längst woanders und feixte. Lachte mit dem Schwanz, sprang aus dem Wasser, klatschte mit den Flossen das Wasser wie im Zirkus.
Und da, mit einmal, wie Josef so gegen das leere Wasser ankämpfte, hat er gewußt, wie dumm seine Wut war. Gegen einen zu kämpfen, den er sowieso nie erwischen würde. Wie dumm es ist, sich ärgern zu lassen. Und er flog zurück auf seinen Ast, trocknete sich die Federn, brachte die Höhenflugflügel wieder in Ordnung und guckte den frechen Hecht an, ohne etwas zu sagen.
Der Hecht jagte wieder durchs Wasser, verwischte Josefs Bild, wirbelte Wellen auf, aber der obere Josef war durch nichts mehr in Zorn zu bringen. Was den Hecht seinerseits so verärgerte, daß er drei Tage später, noch blind und taub vor Ärger, in einen Angelhaken biß. Aus für ihn. Den Josef aber konnte seit da nichts mehr in Zorn versetzen. Kein Hecht und kein Hering und kein Rabe und kein Fuchs.

Glimmerkram und Reichtum und eine freie Rabenseele

Josefs Brüder waren so richtige dumme Rabenköpfe. Viel fressen, dummes Zeug krächzen und Reichtum sammeln. Genau wie ihre Väter. Und deren Väter.
»Der Rabe fliegt nicht weit vom Vater.« Altes Rabensprichwort.
Sie schleppten alles, was glitzerte, zusammen und häuften diesen Kram in ihre Nester. Was keinen Platz mehr hatte, vergruben sie. Flogen zwischen dem Nest und den Schatz-

gruben hin und her, weil sie diesen Kram bewachen mußten, waren nur mit Bewachen beschäftigt und mit Fressen. Immer sammeln, bewachen, fressen. Dabei konnten sie's nicht einmal brauchen. Denn was braucht denn ein Rabe? Luft zum Fliegen, ein paar Würmer zum Fressen und Flügel. Aus.

Sie wurden hinterhältig und gemein; denn einer wollte dem anderen das stehlen, was der andere hatte, und der mußte dem anderen wieder auflauern, um ihn zu erwischen und ihm mit dem Schnabel eine in den Nacken zu hacken. Fressen, Stehlen, Reichtum – etwas anderes hatten sie in ihren dummen Rabenköpfen nicht drin.

Und einmal wäre der freie Rabe Josef beinahe geworden wie seine Brüder. Er war ja auch nur ein Rabe. Als er nämlich sah, wie seine dummen Brüder Glitzerkram und Reichtum zusammenschleppten, glimmerte es ihm so in den Augen. Ein Rabe ist ein Rabe, und jeden Raben glimmert es einmal. Von Natur aus.

»Leuchtet schön«, dachte er sich und wollte auch so ein Zeug. Und wer dieses Glimmern nicht schon einmal in seiner Seele gespürt hat, weiß nicht, wie gefährlich es ist. Kurz und gut, der Rabe Josef flog erst einmal ruhig herum, machte keine stolzen Höhenflüge mehr in einsame Weiten. Er flatterte, hüpfte auf Bäumen herum, kleine Flüge von Wipfel zu Wipfel. Die Habsucht nagte an seiner freien Rabenseele. Keine hohe Flugkunst mehr und keine einsame Freundschaft mit dem unteren Josef im Teich.

»Ist schön, so etwas, und was man hat, das hat man. Reichtum macht reich, und was du hast, kann dir keiner nehmen«, so ein dummes Zeug ging ihm im Kopf herum, und er schielte wohl mehr als einmal auf seine dummen Brüder, die sich auf ihren Schätzen aufplusterten. Wer am meisten Kram hatte, der war König.

Aber um hier nicht viel herumzureden: Josef wollte auch reich werden wie seine Brüder.
»Hast du was, dann hast du was.« Alter dummer Spruch.
»Ein Feuerzeug und einen Gasanzünder könnte ich brauchen«, dachte der Josef. »Und ein Sportabzeichen und eine Klingel und einen Orden von einem General, weil ich Orden sammle und Münzen und Briefmarken und Hosenknöpfe von Eisenbahnern. Und eine verzinkte Badewanne, einen Verlobungs- und einen Nasenring. Eine orginelle Wandleuchte aus Schmiedeeisen, eine automatische Gießkanne und ein elektrisch beleuchtetes Armband und einen Rasenmäher und und und ...«
Lauter dummes Zeug fiel ihm ein, und der schlaue Rabe Josef war mit einmal so geworden wie seine Brüder. Er flog in die Stadt, ging ins Kaufhaus Horn am Bahnhof, nahm am Eingang so einen Drahtwagen zum Schieben und lud alles auf, was glitzerte und glimmerte. Wenn einer alles aufladen kann, was herumsteht, ist die Versuchung groß, dann braucht er auf einmal alles, was er sieht. Der Drahtwagen kippte fast um, als Josef an der Kasse ankam. Er hatte drei Säcke voll eingekauft, einen Karton, und er hielt sich jetzt für den reichsten Raben der Welt. Aber als er diesen ganzen Mist nach Hause schleppen mußte, merkte er schon, Reichtum ist eine Last. Er konnte nicht mehr richtig fliegen. Er mußte aufpassen, daß er nichts verlor, daß ihm keiner etwas klaute und daß er nirgendwo etwas liegenließ. Eine Last wie Blei, die den freien Raben Josef in die Tiefe zog.
Der freie Rabe Josef, Herr der Lüfte, war kein Flugkünstler mehr, er war ein armseliger Hubschrauber, ein Lastwagen in der Luft geworden, der über den Bäumen torkelte. Schließlich auf dem Rabenvaterbaum landete.
Seine Brüder bewunderten ihn sehr. Sie verbeugten sich

vor ihm: »Josef, Josef! Wie wunderbar hast du dich hochgearbeitet, wie hast du das alles nur geschafft!«
Dummes Geschwätz. So viel Glimmerzeug auf einen Haufen hatten sie noch nicht gesehen. Das imponierte ihnen. Josef mußte sich umständlich ein größeres Nest bauen und zum ersten Mal halfen ihm seine Brüder; denn jetzt wollte jeder mit ihm gut Freund sein.
Und als er es gebaut hatte, mußte er Tag und Nacht darauf hocken und aufpassen, daß ihm keiner etwas stahl. Die klauten ja hier wie die Raben.
Er hatte keine Übung mehr im königlichen Höhenflug. Seine Höhenflugadlerflügel hingen irgendwo, rechts neben dem Nest an einem Zweig, Spinnen hatten darin ihre Spinnenweben geflochten. So lange es ihm in den Augen glimmerte, war dort für die große Freiheit des Himmels kein Platz. Er hatte die Höhen vergessen, in denen er früher einmal geschwebt war. Er hatte die hohe Flugkunst vergessen, er hatte sogar seinen Freund, den unteren Josef im Teich, vergessen. Sich selbst. Und dann geschah etwas. Ein kolossaler Sturm kam auf, riß die Blätter von den Bäumen, brach Äste ab, knickte Bäume um, und von den Rabennestern blieb kein Zweig übrig.
Wer sich durch seine Flugkunst nicht retten konnte, kam elendig im Sturm um. Wer am meisten Kram gesammelt hatte, dessen Nest fiel als erstes, denn es war auch am schwersten. Wer darin hing, klammerte sich daran fest und ging zu Grunde.
Da nahm Josef zum ersten Mal seit langer, langer Zeit wieder seine Höhenflugflügel, zog sie über seine einfachen Rabenflügel, ließ den Kram Kram sein und stürzte sich in den Wind.
Was für ein ungeheuerliches Gefühl, vom Sturm hinaufgetragen zu werden in die große Weite des Himmels!

Er schwebte weit weg über die Wolken hinauf, über das Unwetter, wo der Himmel blau und klar war. Glitzerkram und kleinlicher Tineff dort unten waren vergessen, hier galt nur die Freiheit. Er war wieder leicht wie eine Feder; denn keine Last zog ihn nach unten. Da merkte er mit einmal, was er da getan hatte. Hatte seine freie Rabenseele verkauft für unnötigen Mist, unnützes Kramzeug, das er nie brauchen konnte. Denn was braucht ein Rabe denn groß? Flügel zum Fliegen, Federn zum Wärmen und ein gesundes Herz im Leib. Würmer zum Fressen, und die findet er allemal.
Er schwebte oben, bis der Sturm vorbei war. Aber von da an hat der freie Rabe Josef nie wieder auch nur den kleinsten Besitz gesammelt. Er legte nicht einmal Freßvorräte an, wie es die Art der Raben ist. Das einzige, was er besaß, waren seine Höhenflugflügel, und hätte sie ihm einer genommen – nicht schlimm. Er hätte sich neue gemacht.

Wie der obere Rabe Josef und der untere Rabe Josef zusammen einen Spazierflug machen, und warum der obere Josef eine Rede halten soll

Der große Sturm war bald vergessen. Wer von den Raben überlebt hatte, baute sich ein neues Nest und fing von neuem an, unnützen Kram und Glitzerzeug zu sammeln. Sie waren nicht klüger geworden. Sie legten mehr Eier als zuvor, mehr junge Raben schlüpften aus, und bald waren die Rabenbäume wieder so voller Raben wie vor dem Sturm.
Indessen kreiste Josef, der Flugkünstler, hoch oben einsam am Himmel, übte sich im Sturzflug, Gleitflug, doppelten

und dreifachen Flugsalto, und manchmal, wenn er aus seinen einsamen Höhen herunterkam, besuchte er die Nester seiner Brüder.
»Bei den hundert und tausend Raben«, dachte er, »wird einmal einer dabeisein, den ich meine schöne Sprache lehren kann, den ich die hohe Kunst des Hochflugs und Segelgleitens lehren kann, der nicht immer bloß an fressen und krächzen denkt. Muß doch mal.«
Aber war nicht. Kaum waren die Jungen aus den Eiern geschlüpft, stopften sie die Alten mit Würmern voll: »Nun freßt mal schön, damit ihr groß und dick werdet, wie es eure Eltern sind, na, macht schon! Fressen! Fressen!«
Und dann, wenn sie größer waren, lehrten sie ihre Kinder die Sprache der Rabenväter, die nur laut ist, aber nichts bedeutet. »Sagt: Krä! Kräkräkrä. Na! Krä.«
Und die jungen Raben krächzten wie die Alten es ihnen vormachten. »Kräkräkrä«, und aus. Dann lernten sie das armselige, tölpelhafte Fliegen, ohne Begeisterung für die hohe Flugkunst. Wer am meisten gefressen hatte, wurde als erster aus dem Nest geworfen, und den fraßen die Hunde.
Nichts war anders geworden.
Kam Josef seine Brüder besuchen und erzählte den jungen Raben von der großen, unermeßlichen Freiheit da oben, sagten die Alten: »Hört nicht auf ihn, er ist ein dummer Onkel. Ein Spinner! Hat von Wurm und Made keine Ahnung.«
Sie sahen es nicht gern, wenn er sich in ihre Angelegenheiten mischte.
Nur einen hatte Josef, mit dem er sich vertrug und mit dem er reden konnte – den unteren Josef im Teich. (Wenn das Wasser ruhig war und keine Wellen warf.) Er flog fast jeden Tag dorthin, setzte sich auf den Ast, der aus dem Wasser ragte, und sie redeten miteinander.

Eines Tages, als der obere Josef wieder auf dem Ast saß und der untere Josef auch gekommen war, weil das Wasser ruhig war, und der obere Josef wieder davonfliegen wollte, kam der untere Josef mit. Josef flog weg von dem Platz, und Josef flog auch weg, sie flogen zusammen hinauf in die unendliche Weite des Himmels.
»Manchmal denke ich mir«, sagte der Josef zum Josef, »sie sind nur so dumm, weil sie's nicht anders wissen. Du mußt es ihnen einmal sagen, Josef.«
»Ich habe es ihnen schon gesagt. Sie verstehen nicht meine Sprache, weißt du.«
»Dann mußt du öfter mit ihnen reden. Sie werden deine Sprache lernen, und dann werden sie dich verstehen.«
»Ich habe schon öfter mit ihnen geredet. Sie haben noch kein einziges Wort gelernt.«
»Josef, es sind doch deine Brüder. Du kannst nicht untätig zusehen, wie ihre Kinder von den Hunden gefressen werden, weil sie dumm und dick sind.«
Josef war nicht dumm genug, um nicht zu wissen, daß er selber sowohl der obere wie auch der untere Josef war, mit dem er hier redete. Aber das macht nichts, man kann sehr gut mit sich selber reden. »Du mußt eine Rede halten, Josef. Mußt ihnen alles ganz einfach sagen.«
»Also gut.«
Josef flog zum Rabenvaterbaum, setzte sich auf den hohen Gipfel, unter ihm hockten die dicken, fetten Brüder auf ihren Nestern und hüteten den Glitzerkram, den sie gesammelt hatten.
»Brüder«, sagte Josef, »hört mir doch mal zu! Ich sehe, wie ihr da vollgefressen und schwer in euren Nestern hockt. Und wenn wieder ein Sturm kommt, könnt ihr ihm nicht entkommen, weil ihr zu fett seid. Ihr fallt von den Bäumen. Matschkartoffeln ...«

»Was redet der da oben?« krächzten die Rabenbrüder. »Rede doch mal deutlicher! Sag ›Krä‹ oder sag gar nichts.«
»Ich meine, was ihr da macht, ist nichts wert«, rief der Josef. »Wozu braucht ein Rabe mehr zu fressen, als er nötig hat, um sich wohl zu fühlen und gut fliegen zu können. Das Wichtigste für unsereinen ist ... Na bitte, sagt selber, was für unsereinen das Wichtigste ist!«
»Fressen. Fressen. Und nochmal fressen. Von was redest du Dummkopf denn überhaupt?«
»Das Wichtigste für einen Raben ist fliegen, Brüder; denn ein Rabe ist ein Vogel, versteht ihr das denn nicht? Ein Rabe ist ein Vogel und kein Mastschwein.«
»Josef, es hat keinen Sinn, so mit ihnen zu reden«, sagte Josef. »Versuch es anders! Du kannst doch eine Rabensprechmaschine bauen. Versuch es noch einmal.«
Also gut.
Josef flog zu einem Schuttabladeplatz, holte sich eine alte Konservendose, bohrte in den Boden ein Loch. Zog einen Bindfaden durch, knotete innen einen rostigen Nagel daran, und wenn er sie jetzt schwang, machte es: Krrrkrräkrräräääää. – Rabensprache.
Er flog zurück, setzte sich auf den Gipfel des Rabenvaterbaumes und schwang die Sprechmaschine aus Blech.
»Rrrrääääää rrrrrääääääääkräkrä.«
»Bravo, der Josef hält eine Rede, gut gesprochen.«
Mit einmal verstanden ihn wieder seine Brüder.
»Kräkrärrrrr rääääää rrrrrääääääää ...«
»Ungeheuer schöne Rede, die er da hält. Hört gut zu, Kinder, daß ihr von dem Onkel etwas lernt!«
»Rrrrrrr rääääää rrrrrrr Krä.«
Aus. Josef versuchte es nicht mehr; denn was die Blechmaschine da von sich gab, das hatte keine Bedeutung. Es bedeutete nichts und nichts und wieder nichts.

»Josef«, sagte Josef, »so geht das auch nicht. Jetzt rede noch einmal vernünftig mit ihnen, es sind doch deine Brüder!«
»Brüder! So hört doch mal her! Ihr sammelt hier unten einen Kram, den ihr niemals brauchen werdet. Kommt doch einmal mit in die unendliche Freiheit dort oben, in den unermeßlich weiten Himmel, wo ...«
»Ach, hör doch auf!« krächzten die Raben, »was brauchen wir Freiheit, wenn jeder genug zu fressen und seine bequeme Arbeit hat. Jeder hat sein gutes Nest, und unsere Kinder und Alten sind versorgt. Wenn du meinst, du bist anders als wir, denn verzieh dich. Hau ab, los, hau ab! Ein Rabe ist ein Rabe, und jeder ist gleich, das erkennst du schon an den Federn. Hau ab, hau ab, hau ab.«
Sie stürzten sich auf ihn und hätten ihn wohl umgebracht, hätte er nicht die hohe Flugkunst beherrscht und hätte er sich nicht schnell wie der Blitz im Senkrechtstart nach oben gerettet.
Er flog zu seinem Teich, setzte sich auf den Ast, der untere Josef war wieder unten im Wasser, und als der Wind aufkam, verschwand er, und Josef flog allein hinauf in die unermeßliche Weite des Himmels.

Josef und der Kauz, und was wohl weise ist?

Nicht weit weg vom Rabenwald, auf dem Feld, stand ein kleiner, geheimnisvoller Turm. Ein alter Kalkofen, wohl zweihundert Jahre alt. Die Vögel flogen einen großen Bogen um ihn, die Karnickel gingen nicht hinein, nicht einmal Mäuse wagten sich in seine Umgebung. Man wußte wohl, daß in dem Turm ein alter Vogel hausen sollte, ein Kauz, aber genau gesehen hatte ihn noch keiner; denn er flog nur nachts aus. Nachts sind aber alle Vögel dunkelgrau

und schwer zu erkennen. Und von einem, den man noch nie genau gesehen hat, von dem weiß man auch nichts Genaues.
»Der soll bei Nacht besser sehen als wir am Tag«, sagten die alten Vögel, wenn sie ihren Kindern alles erklärten, was hier so war. »Am Tag sitzt er in seinem Kalkofen und ist weise. Nachts frißt er Mäuse.«
»Was ist denn weise?« fragten dann die kleinen Vögel.
»Weise ist, weil ... wenn ... also, weise ist ... ist weise«, sagten die alten Vögel, und dabei blieb es dann. Und wenn die jungen Vögel größer wurden und selbst ein Nest bauten und wieder Junge hatten, erklärten sie ihnen die Welt und erzählten von dem alten Uhu im Kalkofen: »Am Tag sitzt er in seinem Turm und ist weise, und in der Nacht fängt er Mäuse.«
Josef kannte die Geschichte von dem alten Kauz. Aber wen er auch fragte, was weise ist, keiner wußte es. Nicht einmal Josef im Teich.
»Vielleicht ist weise schlau. Aber wenn weise schlau ist, dann braucht es nicht weise zu heißen, dann kann es auch schlau heißen. Also weise ist nicht schlau, denn schlau bin ich auch.«
»Am besten du fragst ihn selbst, Josef.«
»Am besten ich frage ihn selbst«, sagte Josef und flog zum alten Kalkofen. Klopfte mit dem Schnabel an den Rest der schweren, morschen Tür aus Balken, aber keiner antwortete. Er hüpfte hinein, und als er sich an die Dunkelheit gewöhnt hatte, sah er oben in einem Mauerloch zwei bengalische Nachtaugen. – Der Kauz.
Es roch hier nach Moos und Brennesseln, nach toten Mäusen und Eulendreck. Unten war viel Gestrüpp, und oben in den Mauernischen wuchsen kleine Birken. Durch ein Loch kam Licht herein.

»Bitte, Herr Kauz, man sagt, Sie seien weise. Was ist denn weise?«
Der Kauz klappte einmal die bengalischen Leuchtaugen zu, wieder auf. Sagte nichts.
»Was weise ist«, fragte Josef noch einmal. »Weil Sie doch wissen müssen, was Sie selber sind.«
Der Kauz sagte nichts, aber plötzlich krachte und polterte es in der Tür. Durch den Eingang wurde eine Flinte geschoben. Ein Jäger polterte herein. Ein Balken kippte um.
»Ksch-ksch!« machte der Mann, um Federvieh oder Karnickel aufzuscheuchen und abzuknallen. Warf noch einen Stein hinauf, und Josef erschrak. Er flog auf einen Balken, und dieser Mensch, der im Dunkeln wohl nicht gut sah, ballerte blindlings hinauf.
»Krrrrch ...« Ein Schuß. Nicht getroffen.
»Laß dich fallen, stell dich tot, Josef!« sagte der eine Josef zum anderen Josef, der immer sofort zur Stelle war, wenn Gefahr drohte.
Josef fiel herunter wie ein Stein und blieb genau vor den Füßen des Jägers liegen. Der hob ihn auf, wog ihn in der Hand: »Höchstens dreihundert Gramm. Rabenviech. Schmeckt nach Teer. Aber wenigstens ein warmes Süppchen gibt das.« Und warf ihn hinaus vor die Tür auf seinen Rucksack. Dann ging er wieder in den Kalkofen und ballerte noch einmal nach oben: »Krrrrch ...«
Nichts rührte sich. Als er hinauskam, war Josef weg. Nur seine Höhenflugflügel lagen da, waren gebrochen, und zwei einfache Rabenflügelfedern.
»Sehr seltsam«, sagte der Mann. »Ich kann doch nicht geträumt haben. Aber macht nichts. Rabenviecher schmecken sowieso nach Teer, Schwamm drüber.« Hängte seine Doppelflinte wieder über den Rücken und ging weg.

Josef war mit dem Leben davongekommen, hatte aber zwei Flügelfedern eingebüßt und mußte sich neue Höhenflugflügel bauen. Ein mittelschwerer Verlust.
Der Kauz war auch mit dem Leben davongekommen, hatte sich nicht bewegt, war nicht erschrocken, hatte die bengalischen Augen zugeklappt, damit er nicht gesehen wurde. Kein Verlust. Kein Schrecken.
»Was wohl weise ist?« fragte der obere Josef den unteren, als er am Teich saß.
»Weise ist«, sagte der untere Josef – aber da kam der Abendwind auf und wischte den unteren Josef aus dem Wasser.

Kaiser-Franz-Josef-Hasenschwanz-Schule, eine Kopfnuß für den Cebullok und in Erdkunde eine Eins

Josef konnte längst perfekt fliegen, es gab nicht mehr viel, was er für den Flug über diese Erde hätte dazulernen können. Alle diese doppelten und dreifachen Loopings, das Rückensegeln, eine Kunst, die wohl kaum ein Vogel je erreichen kann (ausgenommen die Mauersegler, aber dafür können sie anderes wieder nicht) – kurzum, Josef war König der Flugkunst für Raben geworden. Den Wind gemeistert. Die Luft.
»Es ist nicht gut«, sagte der eine Josef zum anderen, »wenn du hier allein deine einsamen Kreise ziehst. Du wirst ein Eigenbrödler werden.«
»Ist es nicht besser, allein zu sein als in schlechter Gesellschaft, Josef?«
»So gesehen schon, weißt du. Aber du könntest Weltmeister werden, Josef. Die Welt meistern, verstehst du? Du hast jetzt den Himmel über den Wipfeln in seiner unendlichen Freiheit gemeistert. Du beherrschst die große Flug-

kunst in allen Disziplinen, es fehlt dir noch die Welt, Josef.«
»Die Welt, die Welt! Die große Freiheit, Josef, ist mehr wert als die Welt.«
»Das kannst du nur sagen, wenn du die Welt unten kennst, Josef. Und kennst du sie? Warst du schon einmal unten?«
»Ja. In einem Kaufhaus, als ich den Glitzerkram gekauft habe. War Mist.«
Wenn er also in seiner unendlichen Freiheit über den Wipfeln schwebte und unter ihm die Welt klein aussah wie ein Moospolster, in welchem Ameisen und Käfer herumliefen und die Vögel wie kleine Mücken oder Fliegen aussahen, dann redete er viel mit sich selber. Der obere Josef mit dem unteren Josef. Einer stellte Fragen, der andere gab die Antworten.
»Du bist nicht allein auf der Welt, Josef. Alles gehört zusammen. Oben und unten.«
»Aber wenn meine Brüder mich nicht verstehen, werden mich die anderen auf der Welt auch nicht verstehen, Josef.«
»Es kommt nicht darauf an, daß sie dich verstehen. Du hast deinen Himmel, und der gehört dir allein und dorthin kannst du immer wieder zurück.«
Also gut, Josef flog hinunter in die Stadt, kleidete sich unauffällig ein, gewöhnliche Hosen, gewöhnliche Schuhe und ein gewöhnliches Hemd und war pünklich fünf vor neun vor der Kaiser-Franz-Josef-Hasenschwanz-Schule, so genannt nach einem früheren Bürgermeister, der Franz Josef Hasenschwanz hieß, im Volksmund Kaiser Franz.
»Wenn du die Welt kennenlernen willst, fang bei den kleinen Menschen an, Josef«, sagte der Josef.
Josef hatte sich die schwarzen Haare gekämmt, so gut es ging, und lief mit den Kindern durch das Tor und in die Klasse 2c. Er war etwas kleiner als sie und sah etwas anders aus. Zuerst hielten sie etwas Abstand von dem Neuen.

Er setzte sich auf einen freien Platz, in vier Minuten würde der Lehrer Birkenreisig eintrudeln.
»Das ist ein Fremdarbeiter. Itaker, Spaghettifresser, Nudelkopp«, sagte der Enta Cebullok, stärkster und dümmster in der Klasse. Beides, weil er schon zweimal hängengeblieben war. Er hatte nichts anderes im Schädel als Streit und andere prügeln, die schwächer und kleiner waren.
»Geh sofort weg von meinem Platz, du Spaghettifresser!«
Das war gar nicht sein Platz. Er wollte nur mal gleich zeigen, wer hier was zu vermelden hatte.
Josef antwortete nicht. Auf so ein blödes Gerede ist es besser, nicht zu antworten.
»Der ist Fremdarbeiter«, sagte Schätzchen-Pflaume, »der versteht dich nicht.«
Schätzchen-Pflaume hieß so, weil seine Mama ihn jeden Tag nach der Schule abholte und immer schon von weitem rief: »Ach, da bist du ja, mein kleines Schätzchen, mein Muckelchen, mein Mimmilein«, und ihn vor allen bis aufs Hemd blamierte. Schätzchen-Pflaume war sonst nicht verkehrt, ein ganz brauchbarer Knochen, nicht feige, mittelstark, das Herz auf der richtigen Stelle. Nur die Sache mit der Mama war da, die ihm am Bein klebte.
»Der versteht mich nicht?« rief der unverschämte Cebullok. »Der wird mich gleich verstehen.«
Und er haute dem Josef eins von hinten an die Birne. Josef reichte ihm nicht mal bis zur Brust.
»Hahahaaaa, hast du jetzt verstanden, Makkaroni?«
Schätzchen-Pflaume wollte den Cebullok rammen, so mit aller Kraft in die Seite. Cebullok packte ihn am Hals, heulte aber sofort los wie eine Sirene: »Uuuuuuuuu huijujujujuuuuuuu läääääää ...«
Da hatte er, ehe sich einer versah, eine so gesalzene Kopfnuß, blitzschnell und wie geölt erwischt, und zwar vom

Josef mit seiner Kraft im Schnabel – da kam Birkenreisig herein.
Meistens ist es ja so, daß die, welche am meisten das Maul aufreißen und gegen kleinere vorgehen, auch die jämmerlichsten Heulsusen sind: feige und erbärmlich, wenn einer stärker ist.
Jetzt zeigte es sich, daß Enta Cebullok woanders saß. Josefs Platz war frei gewesen, neben ihm saß der faule Wischke. Einer, der sich für überhaupt nichts interessierte, immer Kaugummi oder sonst was mümmelte, zu Hause reich, ein Fettsack, und sogar von Birkenreisig für immer und ewig aufgegeben, ein hoffnungsloser Fall. Dem gab er am Ende des Jahres im Zeugnis alles vier, eine Fünf, so daß er gerade noch rüberkam in die andere Klasse, seine Alten wollten ihn sowieso auf ein Internat schicken. Für teures Geld.
Der Wischke nahm von dem Neuen keine Notiz. Guckte ihn gelangweilt an. Was ist schon so ein Spaghetti-Rabenkopp? Er, der Wischke, war mit seinen Alten schon überall gewesen. Ferienreisen nach Italien, Spanien, Afrika, Sumatra – da hatte er solche Typen zu Tausenden rumlaufen sehen. Na, was ist schon ein Spaghettikopp? Wischke kaute irgendwas, guckte gelangweilt nach vorne.
Die übrige Klasse schaute auf Josef, und Birkenreisig sagte: »Aha, ein Neuer! Wie heißt du?«
»Josef.«
»Jussuff? Aha, Türke. Und weiter?«
»Josef.«
»Klingt wieder genauso wie das erste«, sagte Birkenreisig. »Ach was, ist auch egal. Fremdarbeiter bleiben sowieso nicht lange. Setz dich mal hin!«
Schätzchen-Pflaume saß zwei Bänke von Josef entfernt und schaute angestrengt *nicht* zu ihm hinüber. Weil das schon eine Freundschaft zwischen ihnen auf den ersten

Blick war. Aber Schätzchen-Pflaume wollte sich nicht aufdrängen. Wenn es dem Neuen genauso ging, dann würde er schon von selber ankommen, ohne Anbiederung. Schätzchen-Pflaume war schon in Ordnung. Wenn bloß die Sache mit dieser Püppchenmutter nicht gewesen wäre. Aber wenn bei einem ein Wurm drin ist, lassen die anderen es ihm nicht durchgehen, dann ist er eben drin. Richtig hieß er Wagemann. Vorn, der Birkenreisig, faselte seine Litanei herunter, Erdkunde, das interessierte hier keinen außer dem Greife, der Altertumsforscher werden wollte. Der Birkenreisig wußte das und hatte sich damit abgefunden. Manchmal stellte er irgendeine Frage, egal, an wen, nur nicht an den Greife; denn der wußte es meistens. Also egal, an wen, bloß mal so.
»Durch das Melina-Gebirge fließt von Osten nach Westen die Rawa. Nenne mir doch mal die Nebenflüsse und die anliegenden Orte und die beiden großen Brücken!« Der Birkenreisig guckte über die Brille. Wenn's sowieso keiner wußte, konnte er auch mal den Neuen fragen. »Jussuff!«
»Die Hudla, die Nidla, der Gnied und die Mirwa«, sagte Josef, denn auf seinen unendlich weiten Kunstflügen war er weit herumgekommen. Er kannte in manchen Gegenden jeden Baum, jedes Haus und erst recht jede Stadt. Er zählte die Städte an der Rawa auf, die beiden wichtigsten Brücken, und wenn Birkenreisig noch mehr hätte wissen wollen, er hätte ihm jedes Mauseloch beschreiben können.
Da waren sie baff. Dem Birkenreisig fiel die Brille herunter und den anderen der Unterkiefer. Das hätte nicht einmal der Greifi gewußt. Das Melina-Gebirge lag in Margarinien, einem Land, in das man nicht reisen kann. Dort war nicht einmal der Fettsack Wischke gewesen, wo sein Vater auch nie hingewollt hätte; denn dort gab es keine Riviera und keine goldenen Tempel.

Da waren sie baff! Der Birkenreisig wußte nicht, was er sagen sollte, er war sogar etwas kleinlaut; selbst er hätte das alles nicht gewußt, ohne es hier aus seinem Lehrbuch abzulesen.
»Eins«, sagte er, sonst nichts und trug hinter Josefs falsch eingeschriebenen Namen eine frische Eins ein. Entweder der Neue war ein Genie oder Sohn eines Zauberkünstlers.

Schätzchen-Pflaume muß geholfen werden, und zwar dringend

Nach der Erdkundestunde war es erst auffällig still in der Klasse 2c. Es traute sich auch keiner mehr, Josef den Makkaronifresser zu nennen. Auch der Birkenreisig ging etwas kleinlaut ins Lehrerzimmer. Sämtliche Nebenflüsse der Rawa in Margarinien zu wissen, das grenzte an Allwissenheit.
Und dann noch so ein kleiner Rabenkopp.
Die ersten schlichen aus der Klasse und schauten sich um, was Josef tun würde. Er ging auch hinaus, und da wagte es auch der erste, sich in seiner Nähe zu halten.
»Heißt du Jussuff oder wie?«
»Josef.«
Schon drängte sich der zweite heran und der dritte, und den Cebullok brannte es immer noch am Kopf von der gesalzenen Kopfnuß. Er war hier mit seinem Verstand an einer Grenze angelangt, wo dahinter ein Vakuum, ein Loch war. Wer hatte ihm eine übergebrannt? Von denen hier aus der Klasse hätte es keiner gewagt. Schätzchen-Pflaume vielleicht, das war wohl der einzige, der sich an Enta Cebullok ranwagte, von ihm aber immer wieder in die Mangel genommen wurde.
Und der Neue? Schätzchen-Pflaume hatte Cebullok fest an

der Gurgel gehabt, und der Neue hatte die Hände die ganze Zeit über in den Taschen gehalten. Also, wie war das jetzt?
Auf dem Schulhof versammelten sich die ganzen 2c-Kameraden um den Josef. Nur Schätzchen-Pflaume stand im Abseits, er konnte Anbiederung nicht leiden.
Da packte den Enta Cebullok plötzlich die Wut, er schob die anderen beiseite, stellte sich vor den Josef hin mit geballten Fäusten und schrie ihn an: »Du hast noch was gut bei mir, Makkaroni. Zieh doch mal dein Messer!«
Josef rührte sich nicht, denn wer genug Kraft hat, braucht sich erst einmal nicht zu wehren. Kann den anderen machen lassen. Josef hatte keine Kraft in den Muskeln, aber im Kopf. Abgesehen von seinen Flügeln. »Na!«
Schätzchen-Pflaume stand abseits, aber in Sprungstellung. Nicht weit weg von ihm stand noch ein kleinerer, ein gewisser Hannes Strohkopp. Er schaute, was Schätzchen-Pflaume tun würde, er würde ihm zur Seite stehen, zwischen beiden bestand, man kann nicht sagen, eine direkte Freundschaft, aber eine leichte Kameradschaft.
»Du hast wohl Angst, Rabenviech?«
Wegen der schwarzen Haare hatte er das gesagt. Und plötzlich holte Cebullok zum ersten Schlag aus.
Josef, ein Meister im blitzschnellen Ausweichen, war längst weg von der Stelle, wo Cebullok den Schlag landete, und sofort im senkrechten Blitzstart von der Erde nach oben geschossen, wobei er den Cebullok gegen den Zaun schleuderte. Hartes Bremsen und zurück auf die Erde, das Ganze geschah so schnell, daß keiner sah, was geschah. Cebullok lag belämmert neben dem Zaun und hielt seine Melone. Josef stand so, wie er zuvor gestanden hatte, und sonst war nichts.
Sie hatten etwas sich bewegen sehen, schnell wie ein Blitz, und dann lag der gemeine Cebullok da. Was hier geschehen

war, das grenzte an Zauberei. Der kleine Neue hatte den dummen, dicken, starken Cebullok wie nichts lahmgelegt. Und wie es so geht, die berühmten Überläufer, die sich zuvor immer um den Enta Cebullok geschart hatten – teils aus Furcht, er könne sie vermöbeln, teils weil sie ihn gern brauchten, wenn sie von anderen geprügelt wurden –, die scharten sich sofort um den kleinen, schwarzen Josef.
Dann standen auch noch die anderen um ihn, die ihn nur so bewunderten.
»Häääää ....« Der Lümmel Cebullok war aufgestanden und brüllte, was Feiglinge schon mal tun, um durch das Geschrei den stärkeren Gegner zu verschrecken. Hatte einen Stein geschnappt, eine ganz, ganz gemeine Schweinerei, und stürzte auf Josef los.
Sofort rannten die anderen auseinander, nur Schätzchen-Pflaume sprang auf den Cebullok los. Aber noch schneller als er und wieder wie ein Blitz hatte Josef mit seinem Rabenschnabel zack! dem Cebullok den Stein aus der Hand gehackt. Blut an der Hand.
So etwas hatten die hier noch nicht erlebt. Da standen sogar die höheren Klassen, die 3 a und 3 b und die von der 4. und 5. Klasse herum, und rissen die Mäuler auf.
Josef stand da, die Hände oder besser gesagt, die Flügel in den Hosentaschen, guckte etwas auf der Erde herum und hackte einen Stein weg.
»Uiiiiiii juhuuuuu juiiiiii lalalalaaaaa ....« heulte der Cebullok. Schmerzen an der Hand.
Jetzt verzogen sich sogar die, die sich vorher um den Josef versammelt hatten, das war ihnen unheimlich. Der Neue wußte mehr als der Birkenreisig, war stärker oder irgend etwas anderes Geheimnisvolles als jeder andere hier. Das konnte es nicht geben.
Das war erledigt. Damit stand Josefs Stellung in der Klasse

fest. Josef schwebte etliche Zentimeter über der Erde, dorthin, wo Schätzchen-Pflaume stand. Das war keine Kunst, das konnte er, ohne die Flügel aus den Hosentaschen zu nehmen. Manche sahen es ganz deutlich.
»Der Neue kann fliegen.«
»Käse, Quatsch mit Mostrich. Das gibt es nicht. Keiner kann fliegen!«
Das mußten sie erst einmal begreifen, daß da so ein Kleiner ankam, vielleicht Fremdarbeiter, vielleicht auch nicht. Keiner wußte etwas Genaues über ihn. Er selber redete nicht viel, nur was unbedingt notwendig war. – Und der war Sieger!
Der Schätzchen-Pflaume kam näher. Sie standen etwas verlegen herum. So ganz lässig, wie man sagt. Ein großes Ding war gelaufen, und sie durften jetzt nicht darüber reden. Sagten auch nichts. Der Hannes Strohkopp wagte sich auch näher. Er war auch der erste, der etwas sagte. Er sagte: »Das war gut, Josuff. Heißt du wirklich Josuff, du?«
»Nein. Josef«, sagte Josef.
»Der heißt nicht Jossuff, der heißt Josef.«
Das verbreitete sich wie ein Lauffeuer über den Schulhof.
»Der seltsame Neue heißt Josef.«
»Josef?«
»Ja, Josef.«
Schätzchen-Pflaume schaute den Neuen etwas belämmert an. So von der Seite und hackte mit dem Fuß auf der Erde herum.
»Was ist?« fragte Josef. »Bist du krank?«
»Nein, nein. Bloß …«
Der Fremdarbeiter kann fliegen. Das gibt es doch nicht. Schätzchen-Pflaume, halb traute er sich, mit dem zu reden, halb nicht.
»Was denn bloß?«

»Bloß. Nein, nein. Ich meine, in zwei Stunden ist die Schule aus und dann ...« In zwei Stunden wird seine Mutter vor dem Schultor stehen und ihn wieder blamieren. Sie wird von weitem rufen: »Schätzchen, mein Herzchen, da bist du ja, mein Putzilein. Wie hat es dir in der Schule gefallen? Du hast ja dein Hemd wieder nicht zugeknöpft, mein Scheißerlein ...« Es graust ihn davor.

»Weißt du, Josef, das ist zum Kotzen. Und wenn ich vernünftig mit ihr rede, dann fängt sie an zu flennen. Sie fängt immer an zu flennen, wenn einer vernünftig mit ihr reden will. Faselt dann von Liebe und Undankbarkeit, ach, laß ...«

Es klingelte, sie mußten in die Klassen. »Ist das bei euch auch so?« fragte Schätzchen-Pflaume noch den Josef.

»Nein, nein. Bei mir war's anders. Ich erzähl dir das ....«

Da fing die Stunde schon an. Der Birkenreisig stand wieder an seinem Arbeitsplatz und brachte sein Pensum. Nach der Stunde gingen die beiden Freunde, denn das hatte sich inzwischen entschieden, und zwar durch langes Überlegen während der Stunde: Sie waren Freunde. Der Schätzchen-Pflaume hatte dem Josef zweimal hinübergewinkt und dafür eine Sechs mit Totenkopf und roter Umrandung bekommen. Aber das war es wert. Freundschaft geht über Zensuren, denn Zensuren sind vergänglich.

»Hast du keine Mutter, Josef?«

»Bei uns, weißt du, wenn einer allein fliegen kann, da läßt ihn seine Mutter in Frieden. Ich habe immer wenig zu fressen gekriegt, das war gut so, weil ...«

»Das wäre mir auch lieber, weißt du. Sie denkt, ich bin ihre Puppe. Mein Alter ist auch abgehaun. Immer flennen, wenn etwas nicht so läuft wie sie will. Manchmal kommt er noch, denn geht es wieder los, dann haut er wieder ab. Ich werde damit nicht fertig.«

Josef schwebte einen Kreis etliche Zentimeter über der Erde. Ein Trick, denn dann war sofort der andere Josef in ihm da. Josef vom Teich, der auf alle Fragen eine Antwort wußte.
»Man muß mit allem fertig werden«, sagte Josef. »Weißt du, es ist keine Kunst, mit dem fertig zu werden, was leicht ist. Und wenn du es sowieso nicht ändern kannst, mußt du damit fertig werden, oder es bringt dich um.«
In der nächsten Stunde dachte Schätzchen-Pflaume viel darüber nach. Und nachher sagte Josef: »Warte solange. Geh als letzter hinaus, dann hören die anderen nicht das dumme Gequassel, das ist schon einmal etwas. Laß sie reden, du kannst nichts ändern, weißt du. Halte es durch! Es sind nur ein paar Jahre, und dann bist du frei. Das Schönste, was es gibt, ist die Freiheit ...«
Die anderen waren schon gegangen, Josef ging mit seinem Freund zum Schultor, da stand schon die Mutter. Hatte inzwischen zehn Zigaretten geraucht und zitterte vor Aufregung. »Da bist du ja, mein kleines Pimmelchen, mein Herzchen. Wie kannst du deine arme Mutter nur so in Angst und Schrecken versetzen, mein Herzchen, aber das kannst du dir doch denken, daß deine Mammi sich Sorgen macht, mein Hasilein, mein Putzelchen ....«
Das war nicht zum Aushalten!
»Ich werde mir für mein ganzes Taschengeld Ohropax kaufen«, schwor sich Schätzchen-Pflaume. Was er auch noch am gleichen Nachmittag tat. Damit ging es dann besser: Bevor er nach Hause ging, vor der Tür stehen bleiben, Ohropax formen und rein in die Ohren. Der lieben Mutter fiel das gar nicht auf. Für ihn war sowieso keine Minute vorgesehen, wo er auch mal was sagen durfte. Na, wenigstens hatte vor dem Schultor keiner mitgehört. Wenigstens schon einmal etwas verbessert.

»Etwas verbessert«, sagte Josef zum Josef, als er sich von der Erde abstieß und wegflog, »ist mehr verbessert, als gar nichts verbessert. Millimeterweise vorwärts geht auch vorwärts, für Schätzchen-Pflaume ...«
Josef flog zu dem Baum, wo er seine Höhenflugflügel hingehängt hatte, ließ dort seine Schulkleidung, streifte sich die Superflügel über und flog hinauf in seine große Freiheit, in die unendliche Weite seines Rabenhimmels.

Inhalt

Editorische Notiz bzw. Quellenhinweis

Der Autor hat dieses »Große Janosch-Buch« aus seinem Gesamtwerk zusammengestellt und dazu sämtliche Bilder neu gezeichnet. Neu geschrieben für diese Auswahl sind die Erzählungen und Texte Seite 21, 137, 210 (nicht von Janosch), 213, 215, 218, 219, 221, 240, 258ff. Die älteren Texte wurden kritisch durchgesehen, gegenüber der Erstveröffentlichung teilweise verändert oder auch neu geschrieben. Die Onkel-Popov-Geschichten (Seite 42, 113, 170, 173, 229) gehen zurück auf die 1966 erschienene (vergriffene) Erstausgabe *Onkel Poppoff kann auf Bäume fliegen. Das kleine Schiff Pyjamahose* wurde ebenfalls neu erzählt und gezeichnet; die ursprüngliche Fassung *Das kleine Schiff* erschien 1960 und ist inzwischen vergriffen. Die Texte Seite 5, 52, 62, 133, 204, 250 sowie die *Hosentaschenabzählreime* wurden, zum Teil in anderer Form, in verschiedenen Zeitschriften und Anthologien erstveröffentlicht. *Traumstunde für Siebenschläfer* ist gegenüber der Urfassung *Poppoff und Piezke, ein Siebenschläfer ist kein Vogel* (1966) stark verändert. Die Märchen Seite 10, 14, 126, 236 wurden dem Buch *Janosch erzählt Grimm's Märchen* (1972) entnommen. Die Verse (teils verändert) Seite 2, 247 sind 1968 in Bilderbuchform erstveröffentlicht worden.
Folgende Bilderbuchtexte wurden nach freundlicher Vereinbarung mit dem Parabel Verlag, München, in die Auswahl, übernommen: *Bärenzirkus Zampano* (1975), *Das Auto hier heißt Ferdinand* (1970), *Das starke Auto Ferdinand* (1975), *Der Josa mit der Zauberfiedel* (1967), *Ich bin ein großer Zottelbär* (1972), *Löwe spring durch den Ring* (1971), *Reineke Fuchs* (1962). Für diese vorgenannten Texte liegen alle Rechte beim Parabel Verlag, München.
Die Fotos Seite 209–212 stammen von Harald Frey, München. Die kleine Fotomontage (Seite 210, 211, 295) entstand in Zusammenarbeit mit Janosch für die satirische Zeitschrift *Pardon.* Das Familienfoto auf Seite 210 stellte Janosch zur Verfügung.